重庆市教育委员会2020年高校优秀辅导员择优资助计划立项课题“劳动教育进课堂对高职院校大学生全面发展推动作用研究”（项目编号：fdyzy2020010）

劳动教育进课堂对高职院校大学生全面发展推动作用研究

王　丽　傅　田　高秀娟　熊　淼　著

天津出版传媒集团
天津科学技术出版社

图书在版编目（CIP）数据

劳动教育进课堂对高职院校大学生全面发展推动作用研究 / 王丽等著. -- 天津：天津科学技术出版社, 2023.7

ISBN 978-7-5742-1409-5

Ⅰ. ①劳… Ⅱ. ①王… Ⅲ. ①劳动教育 - 作用 - 大学生 - 全面发展(教育) - 研究 - 中国 Ⅳ. ①G640

中国国家版本馆CIP数据核字(2023)第128137号

劳动教育进课堂对高职院校大学生全面发展推动作用研究
LAODONG JIAOYU JIN KETANG DUI GAOZHI YUANXIAO DAXUESHENG QUANMIAN FAZHAN TUIDONG ZUOYONG YANJIU

责任编辑：马　悦
责任印制：兰　毅

出　　版：天津出版传媒集团
　　　　　天津科学技术出版社
地　　址：天津市西康路35号
邮　　编：300051
电　　话：（022）23332490
网　　址：www.tjkjcbs.com.cn
发　　行：新华书店经销
印　　刷：定州启航印刷有限公司

开本 710×1000　1/16　印张 9　字数 120 000
2023年7月第1版第1次印刷
定价：58.00元

前　言

新时代的劳动教育不仅有“泥土”，还有新的内涵：体力劳动、脑力劳动都是劳动，更重要的是树立劳动精神，崇尚劳动、尊重劳动、热爱劳动。劳动教育的开展以先进的教育理念为指导，具有明晰的操作路径，打通了场地、课程、评价机制等劳动教育链条上的关键环节，弘扬劳动精神，引导学生崇尚劳动、尊重劳动，懂得劳动最光荣的道理。

本书研究内容如下：其一，介绍我国的劳动教育、劳动观、劳模精神、劳动精神、工匠精神、劳动保障；其二，介绍我国高职院校的职业培训、实习和劳动教育；其三，分析高职院校开展劳动教育进课堂的必要性，介绍高职院校开展劳动教育进课堂的指导思想、总体目标和基本原则；其四，分析劳动教育进课堂对高职院校学生全面发展的作用；其五，探索高职院校开展劳动教育进课堂的路径；其六，对劳动教育进高职院校课堂的案例进行分析；其七，制定评价标准，建立激励机制，将劳动素养纳入学生综合素质评价体系，把劳动素养评价结果作为衡量学生全面发展情况的重要内容，全面客观记录课内外劳动过程和结果，加强实际劳动技能和价值体系情况的考核，同时根据研究情况，试图探索高职院校劳动教育发展的路径。

目 录

第一章　劳动教育概述

第一节　劳动及劳动教育的内涵

一、劳动的内涵

因为时代差异、立场差异、视角差异，关于“劳动”一词的界定，历来众说纷纭。一些学者把“劳动”看作一种特殊的人的行为，认为它是一种人与动物不同的特殊生存形式。这种界定说明，劳动是人类的一种特殊的行为和生存形式，而动物的行为和生存的形式则不能被称为“劳动”。另一些学者把劳动看作一种对客观事物的主观认识。

“劳动”一词起源于中国。《庄子·让王》第一次提出了“劳动”一词：“春耕种，形足以劳动。”此外，《三国志·华佗传》云：“身有劳力，而非为极。”在这两本书中，“劳动”“劳力”都可释意为“做出动作”。

《中国大百科全书·哲学》将劳动定义为“人所具有的最根本的社会性行为，它是指人们以一种有目的性的行为来改变自己。”劳动用作动词时指的是一种相对辛苦的工作。早期的劳动主要是指身体劳动。后来由于生产力的发展和社会的发展，人们的劳动已不再仅限于身体劳动，更多地涉及精神劳动。因此，关于劳动有两种解释：一是身体工作，二是精神工作。

马克思站在历史唯物主义的角度，对《资本论》中的“劳动”进行了一种基本的定义：“劳动最初是人与自然的过渡，是人通过自己的活动引起、调节和控制人与自然的变化。”他把劳动看成人与大自然的关系，认为“劳动仅仅是一种普通的人的生产方式，用来完成人与大自然的物质的交流，这种生产方式不但超越了所有的社会形态和本质，还超越了社会本身，超越了所有的社会，成为生活的象征和证明，这就是那些尚未被社会化的人和被赋予了某些社会制度的人们所共同拥有的东西”。但是，劳动不是由个体的自意志决定的，它是一个特殊时期的全体人类共同的需求。

在人们劳动的过程中，大自然不断地人化，人的身心得到发展，劳动工具和技能复杂化。而且劳动使人脱离了大自然的桎梏，变成有活力的人、有创意的人和自由的人。所以，马克思把这样普通的工作叫作“自由的工作”。

综上所述，劳动是一种以人的综合发展为目标的特殊劳动。人类通过体力劳动、脑力劳动与大自然进行物质交换，以达到自己的目的。

二、劳动教育的内涵

劳动教育是一个动态发展的概念，其内涵随着时代的发展不断丰富。

《中国大百科全书·教育》把劳动教育界定为“培养学生对劳动的看法和观念，培养对劳动的热爱，培养他们的劳动习惯”。

《教师百科辞典》认为，劳动教育是一项重要的智育，“劳动教学非常注重智力的作用，使普通的工作与创新的工作相联系，使单纯的工作与有学问的工作相联系”。

总之，劳动教育既是让学生劳动，也是教师对学生劳动思想、劳动知识和劳动技能的培养。

第二节 中华人民共和国成立后，中国劳动教育发展历程

中华人民共和国成立初期，借鉴了苏联教育思想、教育体制和教育发展的方式，这促进了我国教育改革。当时，我国借鉴苏联的教育，结合本国国情，制定了“以教育为主，以工农为主，以吸纳广大工人、农民工为对象，以发展为宗旨”的教育方针。中华人民共和国成立初期的学校的首要使命是，“加强国民的文化素质，发展民族的建设，改造旧式的教育，清除封建的、买办的和法西斯的思想，发展为人民服务的思想”。

1957—1965 年是我国劳动教育发展的一个关键时期。这期间，政府积极倡导“半工半读”的理念。由于中苏两国的政治形势发生了变化，这一阶段的劳动教育逐步摆脱了苏联的教学大纲，并对教学内容和教学方法进行了改革。

改革开放后，随着经济、技术的飞速发展，国家在政治、经济、教育等方面都做出了相应的调整。在教学改革上，相继出台了一套有关学校教学大纲的政策，逐步改变了我国“人才断层”的状况。与此同时，我国重新启动了高考体制，制定了中小学劳动课程，并对各级各类职业进行了明确的规范。总之，这个阶段的劳动教育，以现代化为目的，从单纯的手工劳动、手工劳动和各种体力劳动为主，逐步建立适应现代经济社会的发展，并能够与社会化大生产相结合的制度规范。1978 年，教育部修改了《全日制中小学暂行工作条例》，再次强调了对中小学生的劳动教育、参与生产劳动和劳动性的要求。

21 世纪初，我国进行了一场大规模的教学变革。在对我国当前的教学状况进行调查与对比的基础上，编制了一套新的教学材料，并在

各试点中学进行了尝试。随着新一轮的教学改革，高校对人才的培养提出了一项崭新的要求，即要培养学生的实际动手能力和创新精神。

第三节 新时期高职院校劳动教育的任务

一、培养具有高尚情操的当代青年

新时期的劳动教育是实现立德树人的重要途径，将理想教育融入劳动生活，使大学生认识劳动的本质，理解劳动的含义，树立正确的世界观、人生观和价值观，增强社会责任感，将个人成长与国家发展相结合，把坚定马克思主义信念、树立共产主义远大理想和中国特色社会主义共同理想作为起点和归宿，培养正确的劳动价值观念和优良的劳动素质，从而形成马克思主义的劳动观。要使学生认识劳动，并主动劳动，要牢固地树立“劳动最光荣、劳动最崇高、劳动最伟大、劳动最美丽”的理念；体验劳动造就幸福人生，认识劳动无高低之别，崇尚劳动，对劳动尊敬，培养勤俭、奋斗、创新、奉献的劳动态度。加强劳动精神、劳模精神和工匠精神的培养，使大学生树立正确的价值观。通过劳动锻炼，培养劳动意识，培养劳动情怀，养成热爱劳动、崇尚劳动、尊重普通劳动者的行为，通过劳动体验来培养德行、升华人格，充分发挥其价值导向和综合育人功能。

二、培养具有职业技能的新生力量

随着社会的发展，劳动的种类越来越多样化，劳动形式也越来越丰富。社会和经济的发展、劳动力的不断更新，不仅为广大的大学生创造了施展才华、成长的广阔天地，也使大学生的劳动能力得到了进一步提升。新时期，劳动充分体现了“以干为本，以新为本”“以实为本”的真理。劳动者是国家和民族发展的关键。广大的大学生要成为知识型、技能型、创新型的高质量劳动者，必须把自己的能力锻炼到一定程度，从而承担起社会主义的重大任务。新时期，劳动教育的目的在于提升学生的劳动素养，促进学生全面发展，注重知识、技能、思维等方面的知识、技能和思维等方面的训练；使学生实现学思用的有机统一，提高劳动技能，为将来走向社会打下坚实的基础。

三、培养具有责任感的新生力量

以劳动为人民造福，是马克思劳动观的一个主要内容。新的时代赋予了新的任务，新的任务要求着新的责任。

进入 21 世纪后，国家明确地确立了“建设以德、智、体、美、劳”为一体的综合素质教育，劳动教育以“主角”的姿态出现在了教育变革的大平台上。这是具有中国特色的社会主义教育发展史上具有里程碑意义的重大事件，受到了社会的广泛重视。劳动教育作为中国特色社会主义教育体系的一个组成部分，是各层次学校所要进行的一项教育工作，担负着构建马克思主义劳动观念的重大任务。

新时期的劳动教育，旨在培育学生的自由和综合发展，体现了劳动教育在实际中的多维、多层次的辩证联系，丰富和发展了劳动教育的思想。进入信息化、数字化、后工业化社会，劳动教育内涵与形式发生了急剧的变革与发展，迫切需要重新认识劳动教育的主体、内涵、形式、效果及其与对话教育、生态教育和德、智、体、美“四育”三者的辩证联系，来应对新时代的劳动教育的异化问题。

新时期的劳动教育肩负着新的发展任务。2018 年度全国教育工作会议上，明确指出，新时期的劳动教育要走中国特色社会主义发展之路，培育以“德、智、体、美、劳”为一体的社会主义建设者和继承者；提倡劳动，倡导劳动，尊重劳动，理解劳动最光荣、最崇高、最伟大、最美丽的真理，使学生在成年后能够辛勤劳动、诚实劳动、创造性劳动。

《大中小学劳动教育指导纲要（试行）》反映了新时期的学校劳动教育所担负的特定任务。加强高校劳动教育的研究，既是培养新时期社会主义劳动观念的必然要求，又是推动社会主义劳动教育制度化建设的理论应然，又是推动学校劳动教育制度化发展的现实使然。

第二章　中国新时期的劳动观

第一节　劳动观的内涵

劳动观是指人们对劳动的总体认识，是人们对劳动的根本观点。马克思、恩格斯对劳动做出了深刻而精辟的阐释，提出了人与自然、人与社会、人与自我三对范畴，揭示了劳动创造人、劳动创造历史的道理。在他们看来，人的本质就在于劳动。人们通过生产劳动创造了自己的世界和生活。

一、劳动的本质

劳动的本质是实践，即人通过对自然界和自然界产物的改造而获得物质生活资料。劳动是人类特有的活动，是人类区别于其他动物的本质特征。在社会实践中，人与自然之间存在着对立统一的关系，即人在改造自然的过程中改变了自身，又在改造自然的过程中与自然发生矛盾。通过对自然界的认识和改造，人们获得了知识、技术和工具。通过对自然的改造，人们改变了自然环境，从而使自己生活中的物质条件得到改善。人改造自然的过程也是一个不断改造自我、完善自我的过程，即人在实践中不断完善自我。实践活动使人与自然之间、人与社会之间产生了矛盾，人们通过劳动解决这些矛盾。

二、劳动的社会作用

劳动是人的本质特征。劳动在人类社会中具有重要作用。马克思指出："劳动者在社会中的作用，首先是使自己成为劳动者，即成为生产劳动者。""生产劳动是人类存在的根本方式，是人类之所以存在和发展的根本原因。"恩格斯指出："劳动创造了人本身；人的本质不是单个人所固有的抽象物，在其现实性上，它是一切社会关系的总和。”

劳动创造了人类文明。马克思指出：“在原始社会里，劳动还只是一种使人的肉体服从于能量消耗的过程。而在现代社会里，劳动已经变成了人的一种主动的活动，成为人以自己的活动来创造自己历史的条件。”“在古代社会，生产还仅仅是使人依赖自然；在现代社会中，生产已成为人类通过自身活动来创造自己历史的唯一手段。”马克思认为：“生产是一切历史阶段的社会性质之母，人类最初的历史就是他们从事生产、满足自己需要、占有自然和社会财富的历史。”

第二节　社会主义劳动者的劳动观

人类的劳动在本质上是一种创造性活动。在社会主义市场经济条件下，劳动者的劳动被赋予了新的内容，即创造性劳动。创造性劳动是指劳动者在继承传统文化和传统工艺的基础上，通过对科学技术的学习与运用，在实践中创造出新技术、新工艺、新产品、新材料等精神财富和物质财富。创造性劳动多种多样，如发明创造、技术革新、产品开发、管理创新等。创造性劳动是一种高层次的精神劳动，体现了人与自然的和谐统一。劳动者通过创造性劳动实现了自己的社会价值，创造了物质财富和精神财富。在社会主义市场经济条件下，要建立与完善劳动者自由择业、自由流动的市场机制，使劳动者能够充分发挥其创造力，实现自身价值。

在全面建设社会主义现代化国家中，人的创造能力是至关重要的。劳动者是人与自然、人与社会、人与自身之间关系的协调者，其作用不可替代。在社会主义市场经济条件下，劳动者在推动社会发展中发挥着重要作用。

下面简要介绍社会主义劳动者的劳动观。

一、创造性劳动是社会主义劳动的本质特征

马克思、恩格斯认为，劳动是人类最基本的活动，是一切社会活动的基础。马克思说："任何一个民族，如果停止了劳动，不用说一年，就是几个星期也要灭亡。"这就说明，劳动是人类生存和发展的基础，人类生活得幸福与否与其生存和发展息息相关。劳动不仅创造了物质财富，也创造了精神财富。社会主义劳动者的劳动主要表现为创造性劳动。

二、创造性劳动是社会发展的重要推动力

在社会主义社会，创造财富的主体是广大劳动者。劳动者要想实现自身价值和社会价值，就必须进行创造性劳动。这不仅是由人的自然属性决定的，也是由人的社会属性决定的。广大劳动者通过创造性劳动，不仅使自身需求得到满足，也满足了社会需求，推动了社会发展。

三、创造性劳动是实现人的自由全面发展的有效途径

马克思指出："个人的全面发展是一切人的全面发展的条件。"人有自由全面发展的需求。要实现自由全面发展，劳动者就要在生产活动中充分发挥其创造力。劳动是人的本质活动，创造性劳动也是人的本质活动。劳动者要实现自由全面发展，必须树立正确的劳动观，进行创造性劳动。

第三节　当代高校毕业生对工作的正确认识

当代高校毕业生要树立正确的就业观，要认识到就业是一种责任，是个人发展的需要，是个人生存的需要，也是家庭幸福、社会稳定的需要。高校毕业生就业是一个系统工程，与自身、学校、家庭和社会等多方面因素有关，需要各方面共同努力。此外，高校毕业生就业不能急于求成，应该从长远利益出发，树立“先就业、后择业”的就业观，在寻找工作时要做好充分的思想准备，即使现在就业形势不好，也不能因此失去信心。当找不到工作时，毕业生不要怨天尤人，要及时调整心态和行动策略。总之，毕业生要在充分认识就业重要性的基础上，充分发挥自己的主观能动性，在社会实践中不断积累经验，提高自身素质和能力。

高校毕业生要正确认识自己，增强自信心。高校毕业生要正确认识自己的个性特点、能力和兴趣爱好等，要客观地评价自我，在求职过程中不能过分夸大自我，也不能妄自菲薄。毕业生正确认识自我是增强自信心的前提。毕业生应在充分了解自身特点的基础上，选择适合自己发展的职业。

高校毕业生要不卑不亢，以平常心对待就业现状，常怀感恩之心，善于学习，不断提高自身素质。在知识经济时代，知识更新的速度越来越快，一个人不可能在某一专业领域里永远领先。这要求毕业生要有过硬的专业知识、技能，并树立终身学习理念，不断学习，提升自我。此外，毕业生还要有社会责任感、团队合作能力和人际交往能力。

总之，高校毕业生在就业时，要调整好自己的心态，摆正位置，主动适应社会需要，从容面对就业现状，并不断学习，追求进步，不断提高自身的综合素质。

第三章 劳模精神、劳动精神、工匠精神

第一节　劳模精神、劳动精神、工匠精神概述

一、劳模精神概述

劳动模范（或称“劳模”）是为我国经济、政治、文化、社会、生态文明、党建做出杰出贡献的劳动者的一种光荣的称号。劳模精神的表现形式是劳动模范行为的表现形式，是劳动模范在劳动活动中表现出的价值观念、道德风尚、精神风貌和行为准则等。

中国劳动模范组织的大力宣传，以及党和政府领导们的关心和教育，使得劳动模范这个群体快速成长起来，并使劳动模范这个名号得到了广泛的认可，成为永恒的社会风尚。正是因为这样，中国共产党人在革命、建设和改革的各个历史阶段，从各个方面涌现出来无数的劳动模范，他们总是站在历史的前沿，引导和激励几代人为人民的解放、民族的振兴，为改革开放和现代化建设事业而奋力拼搏。

二、劳动精神概述

劳动精神是马克思主义劳动观的重要组成部分。马克思指出，“一切所谓的世界的全部历史，不过是由人的劳动产生的”，这表明，劳动是最基本的和最重要的活动。中国共产党以马克思的劳动观为指引，并根据中国的发展情况，发展出了具有鲜明特色的马克思主义劳动观。这是对马克思主义劳动观的继承与发展，对劳动与劳动者的地位与尊严予以了全面的认可，并提供了有中国特色的新时期劳动文化。

劳动精神是一种人类对劳动的热情、对劳动所表现的精神状态、

精神面貌和精神品质的追求。劳动是人类对劳动的思维和心理状况的总结，是每个劳动者对劳动的态度、理念和表现出来的劳动的精神面貌。第一，劳动精神是劳动的本质特征，它是一般工人工作状况的根本需求，是人类在劳动活动中所呈现的一种积极的状态。第二，中国人的劳动精神是当代高校学生必须具有的一种精神素质。第三，弘扬劳动的劳动文化，即弘扬劳动光荣、劳动伟大的劳动观念；热爱工作，争创一流的工作作风；工作中的无私奉献精神；艰苦奋斗、勇于创新的工作作风；珍惜劳动、尊重劳动的意识。第四，要区别劳动和劳模、工匠，这是反映工人阶级崇高品质的重要标志。匠人的敬业是对技术的钻研，对工作的追求，对工作的执着。他们的共性是由广大人民在长期的社会生产中锻炼而成，是他们宝贵的物质资源。

培养劳动意识是培养大学生的重要手段，具有树德、增智、强体、育美的全面教育。通过劳动教育，使他们不再只是从书本上学到知识，而是要有针对性地把他们安排到生活、生产、服务等方面，让他们自己去实践，通过劳动锻炼他们的意志，使他们养成劳动的价值观念和优良的劳动素质，使他们成为新一代的大学生，为社会主义事业做出自己的贡献，从而推动中国梦的实现。

从这一点可以看出，劳动的精神并未落伍，而是在新的历史时期，被赋予了新的意义。我们要努力发扬劳动精神，成为新时期的建设者。大学生是新时期的“先锋”，要继承劳动传统，积极学习，自觉掌握劳动的新内涵，做到爱国奉献、尊重劳动、热爱劳动，以劳树德、以劳增智、以劳强体、以劳育美，更有效地成长为德智体美劳全面发展的社会主义建设者和接班人，为实现中华民族伟大复兴中国梦贡献自己的一分力量。

三、工匠精神概述

作为一个民族可持续发展的永恒力量，其独特的文化价值对于中国转型时期的经济和社会来说，具有不可替代的意义。作为一个充满了文化气息的词语，工匠文化在民间早已广为人知，崇尚工艺的历史由来已久。

在希腊—罗马时代，在西方，手工艺术被视为“非利唯艺”的一种纯美的文化。医学创造了健康，赚钱也带来了回报，匠人的最终目标是将技术的威力最大化，让顾客得到最好的“用户体验”，这是一种精细到极致的技术。到了中古时代，手工艺人开始变得更加具有宗教意味。在宗教的支持下，匠人们被赐予了强大的灵性，他们以职业的耐心和职业态度来工作，既是心灵的修炼，又是神交给他们的世俗使命。同时，由于行业标准、工艺流程等内容的确立，匠人群体逐步形成以质取胜的生产文化。

在东方，我们国家首先产生了手工艺。《周礼·考工记》中有言：“百工之工，乃为圣之所为。”金石为刀，泥土为兵，车马为舟，船为舟，都是圣人所为。因此，有才华的工匠被视为“济世圣人”。在中国的文化视野里，“匠人”是指“尚巧达善”的工作追求，是指“知行合一”的实践理念，是“德艺兼修”的专业理念。《荀子·荣辱》有一句话：“农者劳民伤财，贾之劳民伤财，百工之精良，士人之上，王公贵族，皆有仁义之才。”中国古代工匠之行，可以说是一种德行。《左传》记载：六州三大政令，即九大政绩。金木土谷，为六宫。正德，利用，厚生，这是三件事情。以义为礼，即为德礼。其中以正德最为重要，以此规范匠人的手艺。在这种指引下，技术的进步被赋予了更多的道义意义。

从中西文化的角度来看，虽然东西部的工匠文化在其具体的含义上有所不同，但其核心思想却有着相同点，都追求尽善尽美、精益求精的工作境界，提倡工匠应该具有严谨、专注、坚持、一丝不苟、敬业奉献等崇高的品格。

把“工匠精神”融入中国的社会主义道路，融入中国特殊的国家和工程施工方式，使其在中华的新时期获得前所未有的创新性发展和思想上的提升，并在新时期发展为具有中国特点的“工匠”文化。中国具有鲜明个性的新时期工匠精神，由以往的重视个人经验、重视技术团队的单一合作向整体团队合作的创新。新时期具有中国特点的匠人之道，已不仅仅是匠人个人的“匠心、匠德”，而是一种宏观的、集体的、属于民族的“民心、民德”。总之，具有鲜明中国特点的新时期工匠精神，是一种以集体利益为中心，以大局为重，以国家为己任的民族情怀；是团结一致，坚持不懈，团结攻关的团队精神；是以人为本，凝聚人心，务实求实的务实作风。具有鲜明中国特色的新时期工匠精神，是中国广大工程师和广大建筑工人所共同创造的一笔宝贵的财富，是中国建设具有鲜明特点的社会主义现代化的永恒源泉。

四、劳模精神、劳动精神、工匠精神的价值

劳模精神、劳动精神、工匠精神在广义上属于人类精神文化存在，凝聚着人类投入在改变自然物质形态上的体力、智慧，体现着人类特有的主观能动性。随着劳动内涵的扩展，劳模精神、劳动精神、工匠精神的实际载体也扩展为在经济建设、科教文卫等领域有突出贡献的优秀劳动者，突破劳模群体、工匠群体主要定位于一线生产领域的限制，内涵上强调开拓创新、精益求精，这对于激励多领域的劳动者发挥了智慧与力量，对投身社会主义生产建设有正向意义。在新的发展时期，面对智能制造、智能制造的大环境，劳模精神、劳动精神、工匠精神将不断深化勇于创新、追求卓越等内涵要求，在社会中营造出鼓励创造、推崇创新的良好氛围，从而实现对劳动者群体创新思维与精湛技能的价值引领，为新时代经济社会发展培育创新动能。

劳模精神、劳动精神和工匠精神是我国先进劳动者在劳动实践中所表现出来的精神面貌。劳模是以崇高的道德情操引领整体社会风尚、以高超技能推动社会各领域转型发展的先进劳动者。作为“崇尚劳动”价值观的先导，弘扬劳模精神、劳动精神和工匠精神，有利于人们向劳模、工匠学习，在工作中不断提升工作技能，兢兢业业，为实现中华民族伟大复兴的中国梦做出自己的贡献。

劳模精神、劳动精神和工匠精神具有根植于社会生活的强烈人民性，是我们党依靠劳动人民谋复兴的力量纽带。中国在推动劳模精神、劳动精神和工匠精神的同时，也凸显了中国人民群众的主体性。首先，劳模精神、劳动精神、工匠精神是以满足人民的需求为主要目标的，是继续努力的劳动者推翻旧社会、改变落后社会生产状态的奋斗精神。新时期，劳模精神、劳动精神和工匠精神发挥其作用，推动着人们用勤劳劳动创造美好生活，面对人民群众日益升级的各个方面需要。只有通过不断践行争创一流、精益求精的精神态度，才能以高质量供给推进供给侧结构性改革，解决不均衡不充分的发展。其次，劳模精神、劳动精神和工匠精神是维护和保障劳动者权益的主要表现形式。近几年，伴随着“共同发展”的提出和实施，我国职工权利保障日趋健全，让职工能够毫无顾虑地奉献和创造，通过“健全劳模政策，提升劳模地位，落实劳模待遇”肯定现代劳动者群体的主体地位，以鼓励劳动者接续奋斗，创造卓越的未来。

我们国家要实现社会主义的近代化，不仅要靠广大的工人，还要靠敬业精神和技术素质的人来做榜样和引导。在社会主义市场经济条件下，大力弘扬劳模精神有利于广大职工深入理解劳动模范一心为公、不为名利、不斤斤计较一己私利的高尚品质，可以减轻社会主义市场经济带来的消极影响。而中国的工人，只要他们能发挥自己的巧思，多年以后，中国在某些方面的技术就不会再受到他国的控制，而中国的产品也会以高品质而享誉全球。我们国家的经济转轨发展，要求一支高质量的工人队伍，一支敢于创造、敢于拼搏的工人，他们不仅要有一颗坚定的劳动信仰，还要有敢为人先的榜样，有过硬的技术。

劳模精神、劳动精神和工匠精神具有历史上的发展需要。劳模精神、劳动精神和工匠精神是精神的一种，属于上层结构的精神，尽管在其具体的意义和表现方式方面相对独立，但随着一定时期的经济基础的实际变化，其内涵不断丰富，劳模精神、劳动精神、工匠精神在传承历史内涵的同时，又处于历史的绝对运动之中，它们的具体内涵结合每个时代的发展主题不断丰富，呈现出历史发展性，在积淀中丰富，历久弥新、厚重深远是对其内涵发展性的概括。对劳模精神、劳动精神和工匠精神的培育，必须从对劳模精神的历史发展进行辩证认识，并在具体问题中具体地加以剖析，用历史的视角来看待劳模精神的内涵演变。随着中国经济步入新常态，高品质发展已成为新时期发展的主旋律，以创新驱动代替要素驱动，以人力资本红利作为经济发展的重要依托，这对劳动者创新思维、创造贡献有了更多期待。“勇于创新”和“追求卓越”是新时期辛勤劳动和诚实劳动的理想状态。依靠大量优秀的技术人才，带领我国科技进步，为我国的现代化建设和发展创造条件，以知识型、技能型、创新型劳动者群体的不断发展，为实现“强起来”的跨越，提供了一支强大的队伍。

第二节　新时期弘扬劳模精神、劳动精神、工匠精神

在实际工作中，大部分的劳动模范都保持了政治性、先进性、群众性和引领性。对于先进工作者来说，要从自己的身上，时刻加强自我管理，自我约束，严格要求，不忘初心，增强政治意识、责任意识、担当意识、奉献意识、先进意识，特别是切忌骄傲自满、自高自大、目空一切，唯有如此，“三种精神”才能得到进一步的发扬。

对整个社会来说，要把“三种精神”发扬光大，就是要从两个层面入手：一是要加强对劳动模范的广泛宣传。加强舆论引导，树立“三种精神”的价值观。要加大宣传力度，创新宣传手段，拓宽宣传渠道，丰富宣传载体，营造崇尚劳动、尊重劳模、热爱劳模、关心劳模、学习劳模的良好风气。二是要加强对劳动模范的宣传力度。通过普及化、故事化、时代化、生活化、日常化的叙述与创作，讲好劳

模故事、讲好劳动故事、讲好工匠故事，让“三种精神”走进千家万户，走进工人的日常生活，培育全社会的劳动价值观念，促进劳动最光荣、劳动最崇高、劳动最伟大、劳动最美丽的社会风尚。

马克思主义的劳动观认为劳动是一种新的生产方式。马克思的著作中对劳动的伟大贡献给予了极大的肯定，认为它是人类最基本的活动，也是最基本的动力。以勤劳的劳动，营造快乐的人生，用勤劳的双手托住美好的明天，体现了人类在社会实践中的一种时代精神。社会需要打破各种束缚劳动者积极性、主动性和创造性的制度壁垒，使社会生产力得到解放和发展，充分调动蕴含在各种生产要素特别是劳动要素中的创造活力，为劳动者用自己的合法劳动去交换美好幸福生活拓展广阔的空间。通过这种方式，可以调动各行各业、各战线的广大职工的工作积极性，使他们更加积极主动地投身于经济和社会的发展建设。

我们站在新的时代，实现了决胜的目标，实现了伟大的目标，实现了伟大的跨越。在新的历史时期，我们必须将美丽的蓝图变成真实的工作。劳动模范是人民看得见、摸得着、学习的楷模，“三种精神”是当之无愧的时代旗帜。要在全社会中广泛宣传“三种精神”，营造劳动光荣、知识光荣、人才宝贵、创造伟大的社会风气，调动和鼓舞全体员工坚定信念、鼓舞士气，立足岗位，扎实工作，为中国特色社会主义事业做出自己应有的努力。这样才能凝聚人心，集中智力，集中力量，使整个社会都崇尚劳动，尊重劳动者，注重劳动的主体地位，充分调动起所有的积极性，为共同的目的而努力；只有这样，才能将“三个精神”转变为建设小康社会、创造幸福生活和更加光明的明天，才能让广大人民在自己的工作岗位上，真正地完成自己的生命，为中华民族伟大复兴做出自己的贡献。

第四章　劳动保障

第一节 我国的劳动保障概况

劳动保障是指国家和企业为保障劳动者的人身安全和身体健康而采取的各种法律、组织和技术手段的统称。劳动保护包括劳动安全、劳动卫生、女工保护、未成年工保护、工作时间与休假制度。劳动保护的目标是为劳动者创造安全、卫生、舒适的劳动环境，防止事故和职业病，保护劳动者在劳动过程中的安全和健康，从而使劳动者的劳动能力得到充分发挥，从而使社会主义现代化得以实现，保障工人在劳动中的生命和身体的健康，这是我国实行的一种根本政策。

“强化劳动保障，提高劳动环境”是《中华人民共和国宪法》的一项重要内容。中华人民共和国成立后，党和人民政府对劳动保障工作给予了高度的关注。《工厂安全卫生规程》《建筑安装工程安全技术规程》《工人职员伤亡事故报告规程》，是我国1956年颁布的关于提高职工劳动能力、保障其人身安全和身体健康的重要方针。第七届全国人民代表大会第四次会议通过的《中华人民共和国国民经济和社会发展十年规划和第八个五年计划纲要》中，特别提出要“加强劳动保护。认真贯彻“安全第一，预防为主”的方针，强化劳动安全卫士监察，努力改善劳动条件，大力降低企业职工伤亡事故率和职业病发病率。”这就要求要强化安全技术、保障工作的科研和技术成果的宣传，做好检测的方法。我国目前正通过完善的劳动保障法律、加强劳动保障监督和安全生产的监管、安全技术、职业卫生技术和相关的项目建设来保障我国《中华人民共和国宪法》所规定的各项基本方针的落实。

从我国政府的根本方针来看，保障工人在劳动过程中的生命和身体的健康，是社会主义国家的根本方针。通过强化劳动保障，保证了我国煤矿的安全，改变了我国许多煤矿长期存在的不良用工现象。否则，就必然使广大工人的切身利益受到严重的损害，使他们的社会主义自觉性和主动性受到损害，对社会的稳定和发展也是不利的。这与中国共产党和中国的社会主义体制的基本目标背道而驰，对我国在世界上的形象造成了严重的影响，因此，我们要采取措施加以预防。

劳动保障对于推动国家经济发展具有十分关键的作用。在一定程度上，劳动保障具有深远的经济含义。在生产活动中，人最为珍贵，而人又是一切生产要素中的决定性因素。通过对自然法则的研究和理解，采取行之有效的方法，消除不安全、不健康的因素，可以降低和预防各种事故。营造良好的工作条件，既能激发工人的工作热情，又能使人的工作积极性得到充分的调动和发挥，是实现劳动生产率和经济效益的根本保障。加强对职工的劳动保障，可以降低工作日内由于工伤而导致的医疗费用和医疗费用；降低因机器故障、财产损害及生产中断所引起的直接或间接的经济损害。这与企业的经济发展有很大的关系。

劳动安全保障是《中华人民共和国劳动法》等相关法律法规制定的规划，旨在保障职工的劳动人身、财产等。安全技术规范应包含这些内容：①机械设备的安全性；②电器的安全性；③锅炉，压力容器的安全性；④施工，交通运输。根据以上各项技术规范，各生产单位应严格遵守各项安全技术规范，确保员工的劳动权益。

《中华人民共和国劳动法》《中华人民共和国环境保护法》《工厂安全卫生规程》《国务院关于加强防尘防毒工作的规定》《工业企业设计卫生标准》《工业企业设计卫生标准》《工业企业噪声卫生标准》《防暑降温暂行办法》《中华人民共和国关于防治尘肺病条例》等，这些法律法规的实施，都是国家立法规定的。这些法律法规均有相关的职业健康规范，相关内容如下：①预防尘埃的危险；②防止有毒有害物质的伤害；③避免受噪声及强烈光线的影响；④夏季和冬季的防寒保暖；⑤室内的采光；⑥提供个人防护物资。根据以上各项劳动安全规定，各单位经营要符合劳动安全规范，以保障职工的身心健康。

第二节　劳动防护用品

劳动防护用品是为了保护工人在生产过程中的安全和健康而发给劳动者个人使用的防护用品。为免遭或者减轻事故伤害或者职业危害所配备的防护装置。

为了加强和规范对劳动防护用品的监督管理，防止和减少生产安全事故的发生，保障从业人员的安全与健康，2005 年 7 月，国家安全生产监督管理总局发布了《劳动防护用品监督管理规定》。这标志着作为保障从业人员健康与安全的最后一道防线——劳动防护用品的监督管理工作在我国已经被列为安全生产工作的重要内容之一。《中华人民共和国安全生产法》第四十五条规定："生产经营单位必须为从业人员提供符合国家标准或者行业标准的劳动防护用品，并监督、教育从业人员按照使用规则佩戴、使用。"根据具体操作过程中的不同需要，生产经营单位应供给工人的防护用品主要有工作服、工作帽、围裙、口罩、手套、护腿、防毒面具、防护眼镜、防护药膏、防寒用品、防晒防雨的用品等。防护用品的保管和发放由工厂加以规定。

劳动防护用品按照防护部位分为 9 类：

（1）头部护具类。头部护具类是用于保护头部，防撞击、挤压伤害，防物料喷溅、防粉尘等的护具。主要有玻璃钢、塑料、橡胶、玻璃、胶纸、和竹藤安全帽以及防尘帽、防冲击面罩等。

（2）呼吸护具类。呼吸护具类是预防尘肺和职业病的重要护品。

（3）眼防护具。眼防护具用以保护作业人员的眼睛、面部，防止外来伤害。分为焊接用眼防护具、炉窑用眼护具、防冲击眼护具、微波防护具、激光防护镜以及防 X 射线、防化学、防尘等眼护具。

（4）听力护具。长期在 90dB（A）以上或短时在 115dB（A）以上环境中工作时应使用听力护具。听力护具有耳塞、耳罩和帽盔三类。

（5）防护鞋。防护鞋主要用于防止足部伤害，有防滑鞋、防滑鞋套、防静电安全鞋、钢头防砸鞋等。

（6）防护手套。防护手套用于手部保护，主要有耐酸碱手套、电工绝缘手套、电焊手套、防 X 射线手套、石棉手套、丁腈手套等。

（7）防护服。防护服用于保护职工免受劳动环境中的物理、化学因素的伤害。防护服分为特殊防护服和一般作业服两类。

（8）防坠落护具。防坠落护具用于防止坠落事故发生。主要有安全带、安全绳和安全网。

（9）护肤用品。护肤用品用于外露皮肤的保护。分为护肤膏和洗涤剂。

在各产业中，劳动防护用品都是必须配备的。企业可根据实际使用情况，应按时间更换。在发放中，企业应按照工种不同进行分别发放，并保存台账。

第三节　我国的劳动保护法律法规

劳动保护法规是指国家为保护劳动者在生产过程中的安全和健康而制定的各种法规，一般包括安全技术规程、劳动卫生规程、对女工和未成年工特殊保护以及各种劳动保护管理制度等。我国的主要的劳动保护法律法规如下：

一、法律

《中华人民共和国劳动法》

《中华人民共和国民法典》合同编

《中华人民共和国就业促进法》
《中华人民共和国劳动争议调解仲裁法》
《中华人民共和国工会法》
《中华人民共和国职业教育法》
《中华人民共和国职业病防治法》

二、行政法规

《国务院关于工人退休、退职的暂行办法》
《国务院关于安置老弱病残干部的暂行办法》
《国务院关于职工探亲待遇的规定》
《女职工劳动保护规定》
《关于工资总额组成的规定》
《国务院关于职工工作时间的规定》
《失业保险条例》
《社会保险费征缴暂行条例》
《城市居民最低生活保障条例》
《禁止使用童工规定》
《工伤保险条例》
《劳动保障监察条例》
《残疾人就业条例》
《全国年节及纪念日放假办法》
《职工带薪年休假条例》

三、中共中央、国务院文件

《国务院关于建立统一的企业职工基本养老保险制度的决定》
国务院关于建立城镇职工基本医疗保险制度的决定》
《国务院关于大力发展职业教育的决定》

《国务院关于进一步加强就业再就业工作的通知》

《国务院关于完善企业职工基本养老保险制度的决定》

《国务院关于解决农民工问题的若干意见》

《国务院关于在全国建立农村最低生活保障制度的通知》

《国务院关于开展城镇居民基本医疗保险试点的指导意见》

《国务院关于做好促进就业工作的通知》

《劳动保障部、财政部关于实行国家公务员医疗补助的意见》

《卫生部、财政部、农业部关于建立新型农村合作医疗制度的意见》

《中国人民解放军军人配偶随军未就业期间社会保险暂行办法》

《劳动保障部关于做好被征地农民就业培训和社会保障工作指导意见的通知》

四、部门规章和规范性文件

（一）综合

《关于废止部分劳动和社会保障规章的决定》

《劳动部关于贯彻执行〈中华人民共和国劳动法〉若干问题的意见》

《劳动和社会保障部、财政部、人事部、中央机构编制委员会办公室关于职工在机关事业单位与企业之间流动时社会保险关系处理意见的通知》

《劳动和社会保障部关于非全日制用工若干问题的意见》

《劳动和社会保障部关于贯彻落实国务院关于解决农民工问题的若干意见的实施意见》

《劳动和社会保障部、国土资源部关于切实做好被征地农民社会保障工作有关问题的通知》

《劳动和社会保障部、民政部、财政部关于进一步落实部分军队

退役人员劳动保障政策的通知》

《劳动和社会保障部、财政部、人事部、中国人民解放军总政治部、中国人民解放军总后勤部关于军人配偶随军未就业期间社会保险关系军地衔接有关问题的通知》

《劳动和社会保障部、财政部、人事部、中国人民解放军总后勤部关于军队文职人员社会保险有关问题的通知》

（二）劳动关系

《企业经济性裁减人员规定》

《违反和解除劳动合同的经济补偿办法》

《违反〈劳动法〉有关劳动合同规定的赔偿办法》

《集体合同规定》

《劳动和社会保障部关于确立劳动关系有关事项的通知》

《劳动和社会保障部、中华全国总工会、中国企业联合会、中国企业家协会关于开展区域性行业性集体协商工作的意见》

《劳动和社会保障部关于建立劳动用工备案制度的通知》

（三）工资、工时与休息休假

《企业职工患病或非因工负伤医疗期规定》

《工资支付暂行规定》

《劳动部关于企业实行不定时工作制和综合计算工时工作制的审批办法》

《工资集体协商试行办法》

《最低工资规定》

《国家劳动总局、财政部关于国有企业职工请婚丧假和路程假问题的规定》

《〈国务院关于职工工作时间的规定〉的实施办法》

《〈国务院关于职工工作时间的规定〉问题解答》

《劳动部对〈工资支付暂行规定〉有关问题的补充规定》

《建设领域农民工工资支付管理暂行办法》

《劳动和社会保障部关于职工全年月平均工作时间和工资折算问题的通知》

《机关事业单位工作人员带薪年休假实施办法》

《财政部关于职工探亲路费的规定》

（四）女职工与未成年工特殊保护

《女职工禁忌劳动范围的规定》

《未成年工特殊保护规定》

《女职工保健工作规定》

《女职工劳动保护规定问题解答》

（五）养老保险

《企业年金试行办法》

《劳动和社会保障部关于制止和纠正违反国家规定办理企业职工提前退休有关问题的通知》

《劳动和社会保障部关于完善城镇职工基本养老保险政策有关问题的通知》

《劳动和社会保障部、财政部关于推进企业职工基本养老保险省级统筹有关问题的通知》

《职工基本养老保险个人账户管理暂行办法》

《县级农村社会养老保险基本方案（试行）》

（六）失业保险

《失业保险金申领发放办法》

《劳动和社会保障部、财政部、人事部关于事业单位参加失业保险有关问题的通知》

（七）医疗保险

《城镇职工基本医疗保险定点零售药店管理暂行办法》

《城镇职工基本医疗保险定点医疗机构管理暂行办法》

《城镇职工基本医疗保险用药范围管理暂行办法》

《关于城镇职工基本医疗保险诊疗项目管理的意见》

《关于确定城镇职工基本医疗保险医疗服务设施范围和支付标准的意见》

《劳动和社会保障部、发展改革委等部门关于城镇居民基本医疗保险医疗服务管理的意见》

《财政部、劳动保障部关于企业补充医疗保险有关问题的通知》

《一至六级残疾军人医疗保障办法》

《优抚对象医疗保障办法》

《劳动和社会保障部、办公厅关于妥善解决医疗保险制度改革有关问题的指导意见》

《劳动和社会保障部、办公厅关于城镇灵活就业人员参加基本医疗保险的指导意见》

（八）工伤保险

《工伤认定办法》

《因工死亡职工供养亲属范围规定》

《非法用工单位伤亡人员一次性赔偿办法》

《职工非因工伤残或因病丧失劳动能力程度鉴定标准》

《劳动和社会保障部关于农民工参加工伤保险有关问题的通知》

《劳动和社会保障部关于实施〈工伤保险条例〉若干问题的意见》

《劳动和社会保障部、人事部、民政部、财政部关于事业单位、民间非营利组织工作人员工伤有关问题的通知》

《劳动和社会保障部关于新旧劳动能力鉴定标准衔接有关问题处理意见的通知》

《卫生部、劳动和社会保障部关于印发〈职业病目录〉的通知》

《劳动能力鉴定、职工工伤与职业病致残等级》

（九）生育保险

《企业职工生育保险试行办法》

《劳动部关于女职工生育待遇若干问题的通知》

《劳动和社会保障部、国家计划生育委员会、财政部、卫生部关于妥善解决城镇职工计划生育手术费用问题的通知》

（十）社会保险基金和经办管理

《社会保险登记管理暂行办法》

《社会保险费申报缴纳管理暂行办法》

《社会保险基金行政监督办法》

《社会保险稽核办法》

《企业年金基金管理试行办法》

《企业年金基金管理机构资格认定暂行办法》

（十一）劳动保障监察

《劳动行政处罚若干规定》

《劳动行政处罚听证程序规定》

《社会保险费征缴监督检查办法》

《劳动和社会保障部关于实施〈劳动保障监察条例〉若干规定》

（十二）行政争议处理

《劳动和社会保障行政复议办法》

《社会保险行政争议处理办法》

五、司法解释

《最高人民法院关于人民法院对经劳动争议仲裁裁决的纠纷准予撤诉或驳回起诉后劳动争议仲裁裁决从何时起生效的解释》

《最高人民法院关于审理劳动争议案件适用法律若干问题的解释（一）》

《最高人民法院关于审理劳动争议案件适用法律若干问题的解释（二）》

《最高人民法院关于审理劳动争议案件适用法律若干问题的解释（三）》

《最高人民法院关于审理劳动争议案件适用法律若干问题的解释（四）》

第四节　我国的工会

我国的工会组织是中国共产党领导的职工自愿结合的工人阶级的群众组织，是中国共产党联系职工群众的桥梁和纽带，是国家政权的重要社会支柱。工会工作在维护社会稳定、参与社会建设、促进社会和谐发展中发挥着重要作用。

党在新形势下，对工会工作提出了新要求、新任务。当前和今后一个时期，我国工会工作要紧紧围绕党和国家工作大局，坚持解放思想、实事求是、与时俱进，以经济建设为中心，以推进企业改革为重点，以维护职工合法权益为根本任务，不断拓展工作领域，提高服务水平。工会应坚持把加强基层工会建设作为主要任务，进一步夯实工会基层基础工作；把维护职工合法权益作为基本职责；把组织职工积极参与发展和谐劳动关系作为重要任务；把推动企业加强民主管理作为重要举措；把强化自身建设作为重要保障，团结、动员广大职工在实现企业又好又快发展中充分发挥主力军作用。下面重点介绍我国工会的基本职责、基本任务和遵循的基本原则。

一、基本职责

依法维护职工的合法权益；教育、引导职工积极参加民主管理，推动企业、事业单位健全民主管理制度，保障职工当家做主的权利；参与协调劳动关系，维护职工和企业的合法权益；组织职工开展劳动竞赛、合理化建议、技术革新、技术协作等活动，提高职工的劳动技能和科学技术水平；组织开展对困难职工的扶助活动，加强对困难职工家庭生活的关心和帮助；教育和引导职工树立正确的劳动观、价值观，建设社会主义精神文明。

二、基本任务

（1）组织职工开展以经济建设为中心的各项工作，促进社会主义现代化建设。

（2）组织职工开展劳动竞赛、合理化建议、技术革新和技术协作等活动，提高职工的思想道德素质和科学文化素质。

（3）保护和改善职工的工作、生活条件，加强对职工生活福利事业的领导。

（4）依法监督企业贯彻执行国家有关劳动安全卫生的法律法规，督促企业改善劳动条件，防止或减少生产过程中的事故，保障职工的安全与健康。

（5）指导和帮助基层工会组织开展以民主管理为主要内容的企业职工民主参与、民主监督活动。

（6）加强工会自身建设，建立健全各项工作制度和工作体系，提高工会干部的素质和工作水平。

三、工会遵循的基本原则

工会组织必须遵守国家宪法和法律，贯彻执行党的路线、方针、政策，在中国共产党的领导下，围绕党和国家工作大局开展活动；坚持从实际出发，实事求是，根据本地区、本单位的具体情况开展活动；坚持独立自主地开展工作，在完成党和政府交办的各项任务时，积极主动地争取党组织和政府的领导、支持和帮助；坚持走群众路线，发扬民主，依靠职工群众办工会。工会干部要坚持全心全意为职工服务的宗旨，努力学习马克思主义理论和现代科学文化知识，提高自身思想政治觉悟和业务水平；要发扬艰苦奋斗、无私奉献的精神，保持与群众的密切联系；要不断加强党风廉政建设，自觉接受党和政府监督。

第五节　高校学生的劳动保障

一、大学生的劳动权利

（一）从劳动法的角度看，高校毕业生是劳动者

根据劳动法，大学生是劳动者，他们的权利受到了劳动法的保护。《中华人民共和国劳动法》《关于贯彻执行〈中华人民共和国劳动法〉若干问题的意见》仅将国家公务员、参照公务员制度工作人员、农村劳动者、现役军人、保姆五类人员从劳动法意义的劳动中剔除，但不将在校学生纳入其中，这就表明，大学生也属于劳动者。而且，全世界都没有将大学毕业生视为劳工。所以，对于部分公司所持的“大学生不属于《中华人民共和国劳动合同法》的保障范畴”的看

法是不正确的。与任何社会工作者相同，应届毕业生在与公司结成雇佣关系时，都应当遵守《中华人民共和国劳动合同法》，并与之订立劳动合同，并享有相应的社会保险。

（二）高校毕业生作为劳动者，是主要就业群体

根据国家统计局发布的数据可知，截至2020年，全国高校毕业生总数为874.4万人，其中，本科毕业生占比最高，达到了68.6%。高校毕业生的就业率也在逐年提高，2019年本科毕业生的就业率为91.6%，研究生毕业生的就业率为89.5%。此外，高校毕业生的就业结构也在不断优化。数据显示，2019年本科毕业生中，就业于国有企业和事业单位的比例为22.5%，就业于民营企业的比例为44.5%。这表明，民营企业已成为高校毕业生就业的主要选择之一。

总的来说，高校毕业生是劳动力市场中的重要群体。他们具有较高的学历和专业技能，是企业和机构中的重要人才。高校毕业生的就业状况直接关系到国家的经济发展和社会稳定。近年来，随着经济的发展和就业政策的不断完善，高校毕业生的就业形势逐渐好转。但是，由于就业市场的竞争激烈，高校毕业生的就业压力仍然很大。为了提高高校毕业生的就业竞争力，政府和高校采取了一系列措施，如加强职业教育、提高就业指导服务水平、鼓励创业等。同时，企业也应该积极招聘高校毕业生，为他们提供更多的就业机会和发展空间。

（三）高校毕业生与工作单位签订劳动合同的权利

高校毕业生与工作单位应按照《中华人民共和国民法典》合同编的规定签订书面劳动合同。劳动合同应规定双方的权利、义务、责任以及其他的具体条件。非全日制用工双方虽然可以达成口头协议，但是为了更好地保障高校毕业生的劳动权益，最好签订书面合同，并指明工作期间的各事项。高校毕业生可享受职业培训和社会保障福利。《中华人民共和国民法典》合同编为高校毕业生和工作单位的合同约

定提供了可靠的保障。无论双方中哪一方违约，另一方都可以得到合法权益的保护。

二、大学生劳动权利保障措施

（一）完善相关的法律法规

在保障高校毕业生的劳动权利方面，应当尽早地对高校毕业生的劳动权利进行界定，现行的相关立法应当对相关的法律义务予以补充和健全。

（二）扩大对高校学生侵害劳工权利的救济

高校应建立高校毕业生就业权利的专门部门，并采取相应的措施，对高校毕业生的劳动权利进行更好的保护。其职能与工会组织的职能相似，既可以为社会上的弱势学生争取到雇主的合法权利，也可以为大学生和雇主谈判调解纠纷，如果调解不成，就可以作为学生的代理人去找雇主。

（三）加强高校学生维护劳动者权利的意识

在日常的工作计划和就业辅导中，除了教大学生怎样提升自己的能力去寻找合适的工作，还要教他们在找工作的过程中应该注意的事项、可能遇到的工作中的各种问题和对策，培养学生维护劳动者权利的意识。

大学生的业余活动是其身体和精神的综合发展的必然要求，是他们由学校向社会转型的重要阶段，也正是他们个性健全的重要阶段。所以，他们能否得到公正的待遇、受不受良好的教育，将会直接关系到他们今后的发展。如何健全高校毕业生的各项劳动保障体系，保护好高校毕业生的劳动权利，既是高校毕业生自身的切身利益，也是促进社会进步和文明发展的一个重大举措。

第五章　高职院校的职业培训与实习

第一节　高职院校的专业实训和劳动教育概况

近年来，中共中央、国务院发布了关于加强劳动教育的文件。高职院校应积极探索劳动教育新模式，应围绕党建引领力、课程聚合力、专业实践力、劳动自觉力、社会服务力、教研发展力六个方面持续发力，积极打造“六力协同，厚植文化”的高职院校劳动教育模式，树立“劳动最光荣、劳动最崇高、劳动最伟大、劳动最美丽”的劳动观，大力弘扬劳模精神、劳动精神、工匠精神，培养学生“德技兼修、追求卓越”的职业精神。

可以说，高职教育是围绕职业劳动而展开的教育。高职院校应围绕职业特点，结合专业特色，从培养学生的职业技能、工匠精神等方面入手，进行劳动教育教材和实践路径的选择，创新劳动教育的内容；同时要顺应时代的发展，结合人工智能等新技术的应用和机器换人等新态势的发展，拓展劳动教育内容，丰富教育形式。劳动教育既要有理论课程，又要有生活劳动、生产劳动和服务性劳动课程，使体力劳动与脑力劳动相统一，劳动习惯与个人发展相统一，简单劳动与技术性、创造性劳动相统一，让学生在实践中接受锻炼，巩固和丰富知识，让学生既感受到劳动的艰辛，又体会到劳动的价值，体会到创造的价值。

随着社会的发展，高职院校的专业实训和劳动教育已经成为高职院校教育的重要组成部分。高职院校的专业实训是指学生在校期间通过实践课程，提升专业操作技能和实践能力，为将来的就业或创业做好准备。

一、高职院校的专业实训与劳动教育的重要性

专业实训和劳动教育是高职院校应完成的任务。第一，高职院校的专业实训和劳动教育可以帮助学生更好地掌握和应用所学知识，提升自己的劳动技能和实践能力，为将来的就业和创业做好准备。第二，高职院校的专业实训和劳动教育还可以帮助学生更好地适应社会发展和技术更新。随着社会的发展，劳动力市场对高技能人才的需求越来越多。学生需要不断地提升自己的劳动技能，才能在竞争激烈的就业市场中获得更好的机会。第三，高职院校的专业实训和劳动教育对学生的成长和发展非常重要。通过接受专业实训和劳动教育，学生可学到更多的知识，掌握更多的专业技能，提升职业能力，获得成长和发展。

二、高职院校开展专业实训

高职院校的专业实训课程是学生在校期间最重要的课程之一。通过专业实训，学生可以更好地了解自己所学专业的实际操作技能要求，熟悉相关的工具和设备，掌握相关的操作技能，积累实践经验。同时，专业实训也是学生将理论知识与实际操作相结合的重要途径，可以帮助学生更好地理解、掌握和运用所学课程的知识点。

高职院校的专业实训通常分为两个阶段。第一阶段，学生在课堂上学习相关的理论知识，理论知识包括相关的操作流程、安全注意事项等内容。第二阶段，学生通过实践操作，将所学的理论知识应用到实际工作中。在这个阶段，学生需要与相关的设备和工具进行互动，进行实际操作并解决实际问题，从而更好地理解和掌握所学课程的知识点，提升劳动技能。

高职院校的专业实训通常分为好几个学期，每个学期的实训内容都是不同的。这可以让学生在不同学期的实践中积累更多的经验，为就业或创业做好准备。

三、高职院校开展劳动教育，提升学生的劳动技能

2020年3月，中共中央、国务院印发的《中共中央 国务院关于全面加强新时代大中小学劳动教育的意见》指出："把劳动教育纳入人才培养全过程……紧密结合经济社会发展变化和学生生活实际，积极探索具有中国特色的劳动教育模式，创新体制机制，注重教育实效，实现知行合一，促进学生形成正确的世界观、人生观、价值观。"高职院校开展劳动教育，提升学生劳动技能的方法有很多种，其中最重要的一种方法是实践。通过实践，学生可以掌握更多的知识，提升自己的实际操作能力和劳动技能。同时，实践还可以让学生更好地了解相关的工作要求和工作环境，从而在将来更好地就业。除了实践之外，高职院校还可以开展理论课程教学、培训和实习等。通过理论课程学习，学生可以了解专业理论知识。通过培训和实习，学生可以学习相关的技能，提升自己的实际操作能力，积累工作经验，从而能够更好地择业和就业。

四、高职院校将劳动教育融入专业实训课程的策略

（一）在专业实训课程中培养学生的劳动意识和正确的劳动观

劳动教育和专业实训有机结合，能够提升学生对新时代劳动的认识。通过劳动实践，学生能切身感受到劳动蕴含的知识美、敬业美、坚守美、奉献美等，树立"劳动光荣、技能成才"的观念。

（二）将生产实践与劳动教育融合的实训课程内容

高职院校将实训课程与行业、企业生产实践相融合，让学生进行劳动实践，掌握专业技能，增强劳动获得感和自豪感；培养学生合理安排工作流程、进行团队协作的能力，培养学生的劳动精神和精益求精的工匠精神等。

（三）实施知行合一的教学方法改革

（1）实训指导教师在授课过程中注意培养学生的创造力，将“教你学”转变为“帮你学”，将劳动价值观、劳动态度等的培养渗透到教育过程中，让学生在劳动中学会生存、学会合作、学会创造，提高动手能力；在实训中渗透工匠精神培养，培育工匠型劳动者。

（2）教师在实训中，应使“学中做”+“做中学”真正落地，让学生做到“心中有标准，手上有技术”，培养学生文明操作的良好习惯，培养学生的职业素养。通过实训，教师可引导学生“在劳力上劳心”，树立正确的劳动观、价值观，使学生热爱劳动，使学生拥有匠艺、匠心。

（3）教师在教学中，可实施“以赛促学、以赛促教”的学习共同体新课堂教学模式，引导学生进行合作探究。教师教学时，以小组为单位，实施以教师为主导、以学生为主体，“我帮你，一起学”的教师—学生—企业“学习共同体”的教学模式。这种教学是启发、交流、分享的教学，教师是学生课堂学习的引导者。

（4）在专业实训评价中实施“双百分”考核，培育高素质、高技能人才。在“双百分”考核中，技能分和素养分各占一百分。“双百分”考核改变了传统单一的技能考核模式，采用企业技术能手评议+指导教师阶段性测评+校内专家点评+成果汇报+学生互评的考核形式，多角度、全过程、全方位地考核学生的专业技能和劳动素养，使考核结果更加科学、客观，有利于培养学生良好的劳动素养，也有利于调动学生参与专业实训的积极性。

第二节　高职院校的职业培训、实习和劳动教育

高职院校要实现职业技能人才培养目标，履行自身的社会责任，

必须加强职业技能培训、实习和劳动教育。

专业实习与劳动教育具有共同点，就是专业技术的培养，让学生在工作中提升专业技术和劳动技能，从而适应社会和经济的发展。当前，高职院校应把劳动教育融入高职专业实训、实习过程中去，把劳动融入专业理论学习、专业实践、实习中去，这是培养合格的职业人才的重要途径。

与职业学校开展的职业实践教学相比较，将“体力工作”与“劳动观察”结合起来的“劳动教学”更具有吸引力，更有利于调动和激发学生的学习积极性。从理论上讲，以职业性、技术性、共同性和实践性为特点的实践，在实践中存在着不可忽视的缺陷和问题。劳动教育课程必须结合体力劳动和劳动观念，这显然具备高等职业学校普通职业实践教学所缺乏的独特优势：一方面既解决了接受劳动教育的主体——职业学校学生的劳动动机、对劳动的认识、对劳动的态度等方向、目标、思想基础、价值取向和精神动力问题，另一方面又解决了体力劳动对人的发育以及维持人的体力、健康和技能等必不可少的问题，更加符合青年的身心发展。

“体力工作”更贴近日常生活，更自由，更有个性，更突出个人特长，更有新奇和“主体性”，这样的劳动更能得到学生的喜欢，更有主动性和认可度。乌申斯基一直主张让学生做更多的体力活，他说：“人的身体和精神的工作，最有利于人的身体。”乌申斯基称赞的“人的活动”，更像是近代的学校，特别是职业学院的“劳动观”。

课程的教学内容主要是对相关的技术知识的传授和培训，注重学生实际操作能力的培养，要处理的是在全工作中所掌握的技术操作的熟练程度、运用状态，要处理好“如何做”“怎么做”的技术问题，而不是把实习生“为谁做”“为什么做”“干的目标”的主观动机问题、终极目标问题和根本的取向问题。因此，单纯强调技能训练，很难达到培养大学生正确的劳动观念、增强他们的劳动观念的目的。在行为产生的观点中，做事情的人要做的第一件事就是要弄清楚，要解决的是做事情的具体动机、目的、效果以及做事的取向。如果没有这个先决条件，仅仅懂得“如何做”和“怎么做”，就不会激发主动性（热情），不会使事情变得更好，也不会使事情变得长久。首先要处理的是人的主观动机、目的、效果和方向问题，这不但能激发和保障“如何做”“怎样做”的“想做”的欲望、持续的动力和工作的激情，还能增强主体的责任心、自信心、荣誉感和动力，从而提高工作效率和持久度。孔子说：“知之者不如好之者，好之者不如乐之者。”高等职业技术学院的劳动教育课程，其目的在于解决实践活动的主体性问题，即大学生的劳动观念、劳动精神、劳动意识、劳动积极性、劳动主动性、基本态度（积极性）、思想观念、精神动力、方向目标等具有根本性的大问题，也就是要解决孔子所谓的“好之”和“乐之”的根源问题。而这正是以“技术为导向”的职业实践培训所不能替代和克服的。因此，劳动教育课程应当是从主观动机、思想观念、精神动力、职业道德以及怎样“劳动”为一个更高层次的整体教育、综合教育、思想品德教育和人文教育。加强“劳动教育”，开展劳动教育，既有利于学生树立“劳动是物质的来源和快乐的来源”的劳动理念，有利于学生树立崇尚劳动、尊重劳动、热爱劳动的思想，还可以激发学生参与专业实习实训的主动性、积极性和创造性，促进学生更好地参加实习实训，纠正好逸恶劳的不良习惯，克服因重复操作带来的厌烦情绪，进一步提升实践能力和职业素养，进而成长为社会所需要的“德智体美劳全面发展”的社会主义合格建设者和接班人。

由于“体力工作”更贴近日常生活，更自由，更具个性，更突出个人特长，更有新奇和“主体性”，更易于被同学们所喜欢和喜爱，更易于激发他们的主动性和认同感。乌申斯基一直主张让学生做更多的体力工作，他说：“如果把身体和精神工作都联系在一起，就会使人的身体更好。”作者相信，乌申斯基推崇的“人的活动”与当代的学校特别是高等职业技术学院的“劳动观念的结合”是类似的。

新时期，劳动教育注重对文化知识进行系统性的介绍，并有针对性地、有步骤地进行实际工作，让大学生在实际工作中付出汗水，锻炼他们的意志和能力。大学毕业生亲身参加职业教育实习，这种实习活动和学科理论的发展紧密相连，要求大学生运用最先进的理论知识来处理实际工作中遇到的问题。大学生在毕业实习过程中，积极地关注实际工作过程，剖析实际生产中的实际情况，并对其进行理论上的剖析，从而得出良好的毕业论文。

高职院校应注重实习和实践教学。在某一专业实习实践中，学员通常要在“师傅型”教师的指导下，不断地进行实践，不断地练习，不断地掌握和实践流程中的每个环节，以便培养基本的技能，尽早地熟悉工作内容，达到工作目标，从“新手（新手）”转变为“熟练工（高手）”。这样的教学效果是显而易见的：首先，“师傅型”的老师往往擅长“现身说法”的具体工艺、技术和生产经验，而不擅长总结工作，更不擅长从理论层面上解释比较抽象的原理，其教学成效不言而喻；其次，实习基地通常都是生产型的，在这样的生产条件下，学生必须要在课堂上创造出师生之间的相互影响，才能在老师的循循善诱下，激发出对美好生活的幻想。在实践教学中能够达到劳动教育的目的。

高职院校的劳动能力培养还应与职业教育实践相联系，使其在职业教学环境中提高其劳动操作能力。实践活动是将大学生的劳动实践活动与创业教育、社会实践活动、志愿者活动等有机联系起来，为提高大学生的实践技能创造了一个很好的舞台。职业实践课程是以职业技能为主的职业技能培训。可以说，大学设置的职业和职业实践是一种提升劳动者操作能力的途径，是我国高等学校在实施职业技术培训时必须进行的一种职业技术培训，它与普通学校的劳动教学有很大的不同。职业实习是一种将职业技能和职业技能紧密联系起来的一种教育方式。毕业实践和专业实践不同，它是指在毕业前进行的一次实践活动，即在完成了全部的专业课程后，在实践中进行实践活动，既可以使他们更好地了解自己的工作，也可以锻炼自己的工作能力，进而提高自己的工作水平，同时也可以为自己的研究工作打下坚实的基础。高职院校的劳动教育要紧紧抓住学生的职业实践与毕业实践的关键期，为培养一批知识型、技术型、创造型的新时代劳动者大军打下坚实的动力基础，可以结合大学生各自专业需求，发挥学生主动性，让学生熟悉劳动工具，熟练掌握劳动工具操作方法，为学生未来工作、职业发展做好充分准备。

第三节　高职院校的职业培训的形式与步骤

职业技能训练是通过在学校的实习基地，在老师的引导下，使学员将一定的技术基础或专业基础课的内容与现实生活紧密结合起来，从而提高感性认识，验证某些理论，提高某些技能，了解与本学科相关的工作方式以及在生产活动中进行的实践。

一、职业培训的形式

职业培训的形式大致如下：①访问与认知实践。通常在临床实践的早期阶段，并配合相关的理论知识。②将单一科目与专业课相结合。总体上与专业课程相联系，适用于正处在初级的职业技术学习期。③职业技能培训。通常，在一个或两个专业中，有一些技术等级的需求。完成培训后通过考试，可以获得技术资格证书。在掌握了一定的基础知识之后，该课程可以与实际的生产实践相联系。④职业技能培训。这就涉及了一些常用的职业范畴，并为其分配了特定的工作时段，使学员在实践中对其所使用的机械和运行过程有所了解。⑤综合实践。此类实践一般是在生产环境中进行的。在此过程中，学员需要掌握多种专业的专业技能。比如，设备的安装、调试、维修等。

二、职业培训的步骤

职业训练的基础阶段通常包括以下五个步骤。

第一，为实习生做好预备工作。一是师资培训：编制课题讲授计划、授课计划；做好相关的实习准备工作，熟悉相关的技术；了解学生的水平、特点和个性特点，为学生提供针对性的教学、合理的工作、针对性的辅导。二是在实习之前做好思想、知识、物质三方面的准备。三是材料准备：对实习现场和实习环境进行规划和安排，准备好设备、工具、材料和教具。

第二，演示说明。一是阐述了实践项目的意义、任务、要求、设备、工具、材料使用方法、操作要点和注意事项。二是要做好教学工作。包括典型示范、慢示范、分解示范、重点重复示范、纠错示范、边讲解边示范、个别工艺示范等。

第三，实务培训。实践活动是核心，也是学生技术能力的重要组成部分。要做好基础培训，必须坚持“苦”字、严字、硬字，这就要求在平时的培训中，突出一个“苦”字，坚持一个“严”字，达到一个“硬”字。

第四，对学生进行轮训。老师要对学员进行全方位的巡视和引导。重点是对工作姿态、动作要点的检验，并注重对成品的品质及工作品质的检验。要注重树立榜样，引导全局，采取个别纠正、集体指导、示范等多种形式。

第五，对论文进行综述。实习完成后，由老师对实习中的技能掌握、实习产品及工作质量、实习设备维护保养、实习纪律及安全文明作业等情况进行全面的分析，并指出问题，提出改善建议。

第四节　高职院校职业培训和实习中应考虑的问题

一、加强实习实训基地建设，理论联系实际

高职院校的实习实训基地是学生获得专业技能的重要场所。高职院校应在实习实训基地建设中投入足够的资金，完善相应的管理制度，招聘专业教师，使实习实训基地与企业实际需求相匹配、与真实的社会实践接轨，实现理论教学与实践教学的有机结合，为学生提供实践锻炼和提升劳动技能的平台，从而使学生将理论知识与实际技能相结合，提升劳动技能和职业素养。

二、培养“双师型”教师

师资力量是保障实践教学质量的基础。在高职院校中，教师应具有一定的在企业工作的经验，从而更好地进行实践教学。高职院校可组织教师到企业进行实践，积累一线工作经验，从而使他们在实践教学中充分发挥作用。总之，高职院校要培养一批既有理论知识又有实践经验的“双师型”教师。

三、做好实习工作

专业实习是培养学生专业技能的重要途径，能够使学生把专业的理论知识和实际工作联系起来。实习地点可以是学校的生产实践基地，可以是企业的职业实践平台。高职院校应注重做好实习工作，根据高职院校的实际工作特点，设置高职院校的实习课程，从而切实提高学生的实际工作技能。以三年制高职学院为例，其在一年级可实施

校本课程，包含创意性试验与个别训练，使学生能够对所学专业及职业有较完整的认识；在二年级进行职业及产业的一般实习，提升学生的基本技能，使学生对工作的基本情况有基本的认识，并在实习过程中不断丰富知识和进行创新；在三年级，通过全面的职业技能培训，使学生在实际操作中更加清楚地认识自己，进一步提升职业技能。高职院校开展实习工作应注重以人为本，以人才为本，将实习的目标与工作任务相匹配，并根据区域经济发展需求和就业要求，适时地对实习方案进行调整和扩展。在实习课程实施过程中，不仅要让学生学习企业的高新技术、管理经验，提高职业能力，也要让学生了解企业文化。

第六章 对高职院校开展劳动教育进课堂的认识

第一节 高职院校开展劳动教育进课堂的必要性

劳动教育是中国特色社会主义教育制度的重要内容，对于培养社会主义建设者和接班人具有重要战略意义。2015 年 8 月，教育部联合共青团中央、全国少工委印发了《关于加强中小学劳动教育的意见》；2019 年 12 月，中央深改委审议通过《关于全面加强新时代大中小学劳动教育的意见》；2020 年 3 月，中共中央国务院发布《中共中央 国务院关于全面加强新时代大中小学劳动教育的意见》，就全面贯彻党的教育方针，加强大中小学劳动教育进行了系统设计和全面部署，提出“劳动教育是中国特色社会主义教育制度的重要内容，直接决定社会主义建设者和接班人的劳动精神面貌、劳动价值取向和劳动技能水平。长期以来，各地区和学校坚持教育与生产劳动相结合，在实践育人方面取得了一定成效。同时也要看到，近年来一些青少年中出现了不珍惜劳动成果、不想劳动、不会劳动的现象，劳动的独特育人价值在一定程度上被忽视，劳动教育正被淡化、弱化。对此，全党全社会必须高度重视，采取有效措施切实加强劳动教育”。一系列政策、文件的出台，体现出党和国家对于大中小学生劳动教育的高度重视和密切关注。在高职院校开展劳动教育是深入贯彻落实《中共中央 国务院关于全面加强新时代大中小学劳动教育的意见》精神，帮助学生树立正确的劳动观念和形成劳动习惯，弘扬艰苦奋斗的精神，营造劳动最光荣、最崇高、最伟大、最美丽的氛围，培养德智体美劳全面发展的社会主义建设者和接班人。

在此背景下，规划和建设以劳动教育实践基地为依托，配套课程体系、教学资源的项目，对贯彻落实新时代党对劳动教育的新要求、培养大中小学生德智体美劳综合素养具有极大的推动作用。把学生的劳动实践活动当作培养学生思想品德、劳动技能和社会责任感的重要渠道，不断探讨学生综合实践活动的新途径、新方法，对青少年学生在提高学业成绩的基础上掌握一定的劳动技能，参与社会活动，提高服务社会的意识，取得了良好的作用。

第二节　高职院校开展劳动教育进课堂的指导思想

坚持以立德树人为根本，坚持培育和践行社会主义核心价值观，积极探索具有中国特色的劳动实践育人模式，把劳动教育纳入人才培养全过程，以课程教育为主要依托，以实践育人为基本途径，与德育、智育、体育、美育相融合，紧密结合经济社会发展变化和学生生活实际，注重教育实效，实现知行合一，促进学生形成正确的世界观、人生观、价值观，着力培养德智体美劳全面发展的社会主义建设者和接班人，不断开创新时代学校思想政治教育工作新局面。

第三节　高职院校开展劳动教育进课堂的总体目标

通过劳动教育，使学生能够正确认识和理解马克思主义劳动观，牢固树立劳动最光荣、劳动最崇高、劳动最伟大、劳动最美丽的观念；培养学生热爱劳动、尊重普通劳动者、珍惜劳动成果的情感；激发学生参与生活性劳动和服务性劳动的积极性，在劳动实践中养成良好的劳动习惯和勤俭、奋斗、创新、奉献的劳动精神；培养学生具备胜任专业工作的劳动实践能力、较强的创新创业能力以及在劳动实践中发现新问题和创造性解决问题的能力。

第四节　高职院校开展劳动教育进课堂的基本原则

一、育人为本原则

坚持党的领导，着眼于立德树人根本任务的落实，着力提升学生综合素质，促进学生全面发展、健康成长。把准劳动实践教育价值取向，引导学生树立正确的劳动观，崇尚劳动、尊重劳动，增强对劳动人民的感情，报效国家，奉献社会。

二、以生为本原则

根据各高职院校实际，结合本地在自然、经济、文化等方面条件，充分挖掘行业、企业、地域特点、专业群优势等可利用资源，开展符合学生成长成才规律和思想政治教育规律要求的劳动教育，以学生喜闻乐见的形式，开展体力劳动为主，注意手脑并用、安全适度的劳动实践教育。

三、注重实践原则

强化实践体验，让学生亲历劳动过程，提升育人实效性。深化产教融合，协同育人，适应科技发展和产业变革，在实践中创新和改进劳动实践教育方式。强化诚实合法劳动意识，培养科学精神，提高创造性劳动能力。

四、因地制宜原则

根据高职院校实际，结合当地在自然、经济、文化等方面的条件，充分挖掘校企合作单位、学校实习实训场所和周边村镇社区农田等可利用资源，采取工农集合、产教融合、校企合作等多种方式开展劳动教育，深入推进劳动教育进高职院校课堂。

第七章　劳动教育进课堂对高职院校学生全面发展的作用

劳动教育是培养和提高大学生劳动素质和职业能力的重要途径，有助于使学生树立正确的劳动观、价值观、成才观，对高职院校的育人工作有重要意义。首先，劳动教育可以培养学生的实践能力。劳动教育是一种实践性很强的教育形式，通过实际操作和实践活动，可以让学生掌握各种劳动技能和技巧，提高学生的实践能力。其次，劳动教育可以培养学生的创新能力。高职院校对学生进行劳动教育，可使学生不断地解决问题和面对挑战，从而培养学生的创新能力，让学生具备解决实际问题的能力。再次，劳动教育可以培养学生的团队合作精神。在劳动中，学生需要与他人合作完成任务。高职院校对学生进行劳动教育，可以培养学生的团队合作精神和协作能力，让学生学会与他人合作和沟通。最后，劳动教育可以培养学生的责任感和自信心。在劳动中，学生需要承担一定的责任，完成一定的任务。高职院校对学生进行劳动教育，可以培养学生的责任感和自信心，让学生学会自主学习和自我管理。高职院校重视劳动教育，既是落实教育为人民服务、培养社会主义劳动者的需要，又是培养大国工匠、助推产业结构转型升级的需要，是提高教育质量的需要。

新时代劳动教育融合多学科知识，将理论知识融入工作实践，对学生的全面发展起着重要作用，具有树德、增智、强体、育美的综合育人价值。高职院校必须认识到劳动教育对学生全面发展的重要作用，高度重视劳动教育，坚持立德树人，把劳动教育贯穿于人才培养的全过程。下面分析劳动教育进课堂对高职院校学生全面发展的重要作用。

一、有利于培养学生的劳动意识

劳动教育进课堂有利于使学生正确认识劳动与人们的生活、社会发展、个人成长之间的关系，懂得劳动创造财富、劳动创造美好生活等基本道理；有利于使学生体验劳动的艰辛和快乐，具备提高劳动效率和劳动质量的意识和能力；有利于使学生树立热爱劳动、热爱劳动人民、尊重劳动者的观念；有利于使学生树立劳动最光荣的观念，培养学生的劳动意识。

二、有利于提升学生的品德修养

良好的品德修养是一个人的立身之本、成才之要。劳动是人类最基本、最普遍的实践活动，在培养人的良好道德品质、提高人的思想境界中发挥着重要作用。劳动教育的重点是使学生树立正确的劳动观，培养学生良好的劳动情感态度和劳动品德，使学生掌握劳动知识和技能。劳动教育与道德教育有着天然的密切联系，曾被作为德育的重要内容。高职院校应把劳动教育纳入人才培养全过程，注重培养学生勤俭、奋斗、创新、奉献的劳动精神，引导学生树立正确的劳动观，崇尚劳动、尊重劳动，报效国家，奉献社会。

三、有利于培养学生的创新能力

在当代社会，创新能力已经成为一个人综合素质的重要组成部分。劳动教育进课堂，可以让学生在课堂上进行创新活动，从而提高他们的创新能力。例如，在计算机科学专业的课堂上，教师可以让学生进行编程设计，从而让学生更好地掌握计算机科学的专业技能，提高他们的创新能力。

四、有利于培养学生的实践能力

在当代社会，实践能力也是一个人综合素质的重要组成部分。劳动教育进入课堂，可以让学生在课堂上进行手工制作、维修等活动，从而提高他们的动手实践能力。例如，在电子技术专业的课堂上，教师可以让学生进行电路板的焊接，从而让学生更好地掌握电子技术的专业技能，提高他们的实践能力。

劳动教育进课堂，有利于培养学生的实践能力，主要表现在以下几个方面：第一，可以为学生提供更多的实践机会，让学生在实际操作中学习知识和技能；第二，可以让学生认识到实践的重要性，激发学生的学习兴趣；第三，可以强化实践教学，让学生在实践中掌握更多的知识，提升劳动技能，锻炼实践能力；第四，可以更好地评价学生的实践能力，让学生在实践中得到及时的反馈和指导，提高实践能力。

五、有利于培养学生的良好的劳动习惯

劳动教育进课堂有利于学生学会从目标和任务出发，系统分析可利用的劳动资源和约束条件，制订具体的劳动方案，发展初步的筹划思维，提高基本的设计能力；有利于学生学会使用常用工具与基本设备，采用一定的技术、工艺与方法，完成劳动任务，具备基本的动手能力，有利于学生综合运用多学科知识和多方面经验解决劳动中出现的问题，提高创造性劳动的能力；有利于学生在劳动过程中学会自我管理、团队合作。总之，劳动教育进课堂有利于培养学生的良好的劳动习惯。

高职院校的学生通过持续性的劳动实践，能够具备勤俭、奋斗、创新、奉献的劳动精神，继承中华民族勤俭节约、敬业奉献的优良传统，弘扬爱岗敬业、甘于奉献的劳模精神和精益求精、追求卓越的工匠精神，具有不畏艰辛、锐意进取、为社会发展和国家建设付出辛勤劳动的奋斗精神。

第八章 高职院校开展劳动教育进课堂的路径

第一节　秉持强化职教特征的劳动教育新理念

高等职业院校学生劳动教育要遵循职业教育规律，学院通过设置具有鲜明职业特征的专业课程和实训实践，培育和发挥大学生在劳动教育中的主体性作用，把劳动教育目标内化，注重提高大学生自身素养。

一、将培养工匠精神与培养职业能力相结合

高职院校要整合校内外各种优秀的专业资源，以重点学科和特色学科为支撑和着力点，将培养工匠精神与培养职业能力结合起来，使学生在培养和增强其职业能力的基础上，增强劳动意识，树立正确的劳动理念。

二、把劳动技能培训与校企协作结合起来

“产教融合，校企合作”是高职院校发展的基本特征，应推行校企合作的新型劳动教育形式，利用校企合作模式的优质资源整合，有效发挥学校高理论程度的教师资源和企业丰富劳动实践资源的优势，通过企业实践课学习，在培养学生专业技术能力的同时，有效地培养学生的劳动实操能力，实现专业技能和劳动素质养成。

三、在高职院校教育教学的各环节中引入劳动教育

在课程设置方面，根据专业需求和社会发展趋势，增加劳动教育相关课程，如生产实习课程，培养学生的实际动手能力和团队协作意识。在教学方法方面，采用问题导向教学法、案例教学法等方法，将实际工作经验融入教学过程中，增强学生的实际操作能力和实际体

验感，提高学生的劳动技能。在实践教学方面，开设实践课程，建设实习基地、实验室等实践教学环境，为学生提供劳动实践机会，使学生更好地了解与掌握专业知识和技能。在课外活动方面，通过技能竞赛、假期社会实践、社会志愿服务、社团活动等，增强学生的实际操作能力和社会责任感，使学生热爱劳动，培养学生的敬业精神。在教师角色方面，教师应当成为学生学习的引领者和榜样，引导学生积极地进行劳动实践，发挥带动和促进学生成长的作用，在学生的成长过程中起到良好的示范作用。

第二节　构建培养学生工匠素养的课程体系

高职院校作为培养工匠的摇篮，承担着为地方经济转型升级输送人才的重任。培养学生的工匠素养是高职院校人才培养的关键，也是提高高职教育质量和高职院校办学水平的重要举措。高校培养人才需要有相应的课程体系。课程体系是课程建设的核心，决定着人才培养的质量和水平。在当前国家大力提倡“工匠精神”的背景下，高职院校应以立德树人为基础，在学校内部营造积极的工作氛围，构建具有鲜明的职业化特征的课程体系，并在此基础上，制定体现工匠精神的课程标准，开发相关的课程资源。

一、以培养学生工匠精神为核心理念，制订人才培养方案

新时代，社会经济发展对人才的需求呈现出多样化、多层次的特点。高职院校作为为社会培养技能型人才的基地，应顺应时代发展，以培养学生工匠精神为核心理念，并注重培养学生的职业道德、创新创业精神，制定符合新时代需求的人才培养方案，以满足新时代人才培养要求。

二、根据行业和企业发展需求，设置专业课程

高职院校要以学生为本，按照国家职业标准和行业、企业人才需求，结合职业教育的特点和优势，设置专业课程。专业课程设置要以培养学生职业道德、创新创业精神和工匠精神为目标，注重技能的培养。专业课程包括三部分：基础课程、实践课程和创新创业课程。

三、以工作过程为导向，设计实践课程内容

高职院校培养学生的核心是培养学生的实践能力。高职院校培养学生的实践能力应以工作过程为导向。高职院校在构建课程体系过程中，应遵循“以学生为中心”“做中学”的教学理念，注重培养学生解决问题的能力，以项目为载体、以工作任务为导向、以职业能力培养为目标，设计实践课程内容，将理论知识与实践技能相融合，将工作任务分解为不同的子任务，并根据工作过程灵活调整课程内容，使学生在实际工作中逐步提高实践能力。

四、以培养学生职业素养为出发点，完善课程考核评价体系

完善课程考核评价体系是构建课程体系的重要环节，对增强课程体系的合理性和有效性起着非常重要的作用。课程考核评价既要重视对学生学习结果的评价，又要重视对学生学习过程的评价。高职院校构建课程考核评价体系时，应以培养学生职业素养为出发点，注重多元评价、全程评价和自我评价相结合，从而提高教学质量，提升学生职业素养，进而为地方经济转型升级培养更多优秀的技术技能人才。

第三节　打造具有工匠素养的师资队伍

高等职业教育肩负着培养大国工匠和高素质技术技能人才的重大使命。在高等职业教育中，教师是课程的实施者，发挥着示范、引领作用。高职院校应加强师资队伍建设，打造具有工匠素养的高素质“双师型”教师队伍。

一、加强师德师风建设，厚植工匠精神

教师要把立德树人作为根本任务，做到言传身教、率先垂范。教师要有高尚的品德，言行一致、表里如一，在学生中树立良好的形象；要有良好的职业道德，爱岗敬业，爱生如子，对待工作严谨、细致、认真、负责；要有强烈的责任意识，对学生有爱心、耐心和责任心。教师只有具备了“德”和“术”两个方面的素养，才能真正做到教书育人。高职院校应注重师德师风建设，把师德师风作为评价教师队伍素质的第一标准，把严师才能出高徒作为根本要求，把培养工匠精神贯穿于教师培养全过程。在师德师风建设中，高职院校要重视培养教师的职业精神和职业操守，引导教师在教学和科研中不忘初心、牢记使命，自觉践行社会主义核心价值观。

二、加快“双师型”教师队伍建设，提升教师职业素养

教师是教育教学活动的组织者和实施者。他们的专业能力和专业素养直接影响着人才培养的质量。高素质技术技能人才既要有扎实的理论基础，又要有过硬的实践能力。因此，高职院校要注重提高教师队伍整体素质，不断提高“双师型”教师培养质量和“双师型”教师

队伍整体素质，加快建设一支适应当代职业教育体系和经济发展需要的高素质“双师型”教师队伍。

三、注重培养教师的教学能力和科研能力，提高教学质量

教学能力是教师进行教学工作的基本能力，也是提高教育质量的基础。高校应注重培养教师的教学能力，同时注重培养教师的科研能力，提高教师的专业水平。教师具备教学能力和科研能力，能够及时把握行业和市场需求的变化，从而调整和改进教学内容。高职院校应鼓励教师在教育教学实践中进行科学研究。具体来说，高职院校要加强科研立项工作，制定科研项目管理办法，鼓励科研项目申报，促进教师开展教育教学实践研究；要强化对教师的培训，搭建教师继续教育平台，推进教师学习共同体建设；要建立健全激励机制，调动教师开展科研活动的积极性。

四、加强校企合作，提高教师的实践能力

实践能力是“双师型”教师的关键要素。教师具备较强的实践能力，是高职院校培养高素质技术技能人才的重要保障。高职院校培养“双师型”教师，需要和企业共同努力，从制定培养方案到培养方案的具体实施，都需要企业参与，从而建设一支具有工匠素养的“双师型”教师队伍，以适应高职教育发展的新形势。

第四节　开展劳动课程教学

劳动课程是高职院校劳动教育的主要载体。高职院校开展劳动课程教学，既是贯彻落实《中共中央 国务院关于全面加强新时代大中小学劳动教育的意见》和《教育部关于印发〈大中小学劳动教育指导

纲要（试行）〉的通知》等文件精神的重要举措，也是立德树人、培养高素质技术技能人才的重要途径。高职院校开展劳动课程教学，要以习近平新时代中国特色社会主义思想为指导，贯彻党的教育方针，落实立德树人根本任务，遵循职业教育办学规律和技术技能人才成长规律，既要做到“五育并举”，又要遵循高职院校培养高素质技术技能人才的目标定位。

一是要落实立德树人根本任务，确保劳动课程教学方向正确。《中共中央 国务院关于全面加强新时代大中小学劳动教育的意见》指出：“劳动教育是中国特色社会主义教育制度的重要内容，直接决定社会主义建设者和接班人的劳动精神面貌、劳动价值取向和劳动技能水平。”高职院校开展劳动课程教学，落实立德树人根本任务，把“五育并举”贯穿于劳动教育全过程。高职院校通过开设“劳动概论”等课程，对学生进行马克思主义劳动观、社会主义劳动观、职业能力和职业素养等方面的教育，引导学生崇尚劳动、尊重劳动，懂得劳动最光荣的道理。

二是要遵循高职院校培养高素质技术技能人才的目标定位，提升劳动课程教学效果。高职院校要把劳动教育作为学生综合素质培养的重要内容，要把劳动教育融入人才培养全过程，使劳动教育贯穿于教育教学各环节、贯穿于学生成长各阶段，实现全程育人、全方位育人，使学生树立正确的世界观、人生观、价值观。高职院校要结合人才培养目标和办学定位，科学设计劳动课程体系，将劳动课程与其他学科课程有机结合起来，建立完整的劳动课程体系。高职院校还要不断完善劳动课程的内容，将劳动知识、劳动技能、品德等要素融入课程内容；注重发挥课堂教学的作用，把劳动素养纳入学生综合素质评价体系；强化实践教学，使学生在实践中学习；加强对教师的培训，提高教师的教学能力；充分利用网络平台资源，打造优质精品在线开放课程，为学生提供丰富的、适合自己的学习资源。同时，高职院校还要注重提高学生对劳动课程教学效果的认可度和参与度。

三是要注重职业技能培训和劳动教育示范基地建设。一方面，制订职业技能培训的具体实施计划，对学生进行职业技能培训，将“工匠精神进学校”制度化、常态化、规范化，进一步提升“工匠精神进学校”的深度和广度，使其成为劳动教育的内在支撑；另一方面，以大师工作室为依托，建设劳动教育示范基地。新时代，高职院校应当立足劳动教育的实践导向，充分利用大师工作室的资源，为学生多样化的劳动实践提供劳动教育示范基地。

为确保劳动课程教学的高质量，高职院校应将劳动课程纳入人才培养方案和教学计划，充分体现以学生发展为中心的理念，加强与专业课程相结合的劳动课程的设计和开发，依托专业课程开展劳动课程教学，通过实践教学和实训基地建设，提高学生的劳动技能和实践能力。

第五节　在对学生的日常管理中融入企业的精益管理理念

进行精益管理即整理（SEIRI）、整顿（SEITON）、清扫（SEISOU）、清洁（SEIKETSU）、素养（习惯）（SHITSUKEI）、安全（SAFETY）管理。通过对专业课程的系统介绍和学习，结合日常宣传，要求学生在打扫教室和宿舍时执行精益管理标准。首先要形成完善的评价体系，辅导员和学生干部主要负责精益管理活动的组织、实施、评估和评价；其次，精益管理活动成功的关键在于努力工作。只有真正落实劳动教育的教育功能，才能发挥劳动教育的教育功能。学生宿舍实施精益管理难度较大，尤其是 8 人间的男生宿舍。因此，除了宿管老师和学生干部的日常检查和评估外，我们还可以充分利用党员积极分子或党员的一对一帮助。同时，建立相应的奖惩制度，激发学生的学习动机；最后，对表现较好的班级或宿舍进行宣传报道，在全校形成示范效应，打造精益管理校园。

第九章　劳动教育进高职院校课堂的案例分析

第一节　高职院校打造校内劳动教育实践基地案例

一、打造校内劳动教育实践基地的基础

（一）硬件基础

机械工程及自动化学院是按照“以群建院”原则，围绕全国双高学校重点专业群－模具数字化设计与智能制造产业链的关键核心岗位，由原机械工程学院和智能制造学院部分核心重点专业强强整合而成的一所二级学院，具有办学历史悠久、成果积淀厚重、国内影响突出等特点。学院重点对接重庆汽车领域内的模具数字化设计与智能制造产业链中的关键核心技术：模具数字化设计、智能工装设计、多轴编程与加工、工业机器人控制、智能传感器检测与控制、工业大数据分析、3D 打印等为主攻方向开展人才培养和技术研究，打造复合型的高素质技术技能型创新人才。学院教学资源完备，实训基地为全国一流。拥有“数控技术实训基地”“工业机器人应用人才培养实训基地”等 4 个中央财政支持的国家级实训基地，以及“重庆市模具应用推广中心”“3D 打印工程中心”等 7 个市级实训中心，联合西门子、费斯托、DMG 等世界知名企业共建了“自动化技术中心”“数字化先进制造技术应用中心”等 4 个应用中心，共有 70 多个实验实训平台，拥有 DMG 五轴加工中心、车铣复合加工中心等高精密设备，设备总价值 8000 余万元。

其中，学院与北京隆源自动成型系统有限公司联合成立“重庆 3D 打印智造中心”，中心以“创新驱动，志存高远”为宗旨，面向航空航天、军事装备等高端装备制造行业的大型复杂曲面零件的熔模

精密铸造领域，以选择性激光烧结 3D 打印技术和逆向工程技术为主要研究对象，打造集科研、教学和生产于一体的产教融合平台。

（二）软件基础

一是重塑劳动教育理念，引领劳动价值回归。学院将劳动教育纳入人才培养体系，建立课程完善、资源丰富、模式多样、机制健全的劳动教育体系，组织学生每学期以班级为单位轮流参与智造中心、实训基地、现代实训中心的场地管理和设备维护，让学生在劳动学习与实践中培养正确的劳动价值观，切实提升劳动技能，实现人才培养的目标。二是创新劳动教育态度，提高综合竞争力。学院充分运用社会性教育资源开展校企合作、产学研究，创造出更多富有时代气息的教育与生产劳动相结合的新形式和新方法，确保学生在多种劳动过程中获得丰富的体验，提高综合竞争力。比如跨专业、跨部门、跨区域共建，在劳动教育基地参加学习和集训，通过整合勤工助学岗位、创意志愿活动、实习基地、志愿服务、订单班培养等实践平台，为学生提供“真刀真枪”的劳动技能训练场所，提升他们的劳动能力和创新技能，同时在 3D 打印智造中心开展“劳动周”“美丽校园我来建”“劳动案例开讲啦”等实践活动，将劳动教育成果充分展现出来。三是打造浓厚的劳动教育氛围，培育工匠精神。通过承办高水平、高层次的技能大赛，让学生在刻苦训练、精心参赛中磨炼劳动的意志品质，同时使他们接触国内国际顶尖技术，开阔视野，从而引领他们崇尚荣誉、追求卓越。同时积极校园文化建设，通过主题班会、志愿者活动、“技能名师”进课堂等多种形式，打造浓郁的校园劳动文化氛围，弘扬工匠精神。

二、基地特色

学院秉承立德树人的核心理念，以重庆 3D 打印智造中心为依托，整体构建具有学院特色的“一核四体”劳动教育育人体系，通过课程建设、专业文化建设、实践活动、宿舍建设、劳动教育新样态五大路径推动劳动教育实施，健全学校、家庭、社会三方联动协同机制，完善多元综合评价体系，通过组织领导、队伍建设、实践场所、安全保障、督导考核、经费投入六项保障措施，构建新时代学院劳动教育新格局，培养德智体美劳全面发展的社会主义建设者和接班人，充分发挥劳动教育综合育人功能，把握新时代劳动教育"以劳树德、以劳增智、以劳强体、以劳育美"的重要作用。

三、总体规划

（一）总体部署

以重庆 3D 打印智造中心为依托，以实训中心、学生青年志愿组织、学生宿舍、专业课堂为补充载体，整体构建具有学院特色的"一核四体"劳动教育育人体系，通过课程建设、专业文化建设、实践活动、宿舍建设新样态四大路径推动劳动教育实施，健全学校、家庭、社会三方联动协同机制。劳动实践项目包括课程建设类、专业文化类、宿舍建设类和实践活动类（图 8–1）。

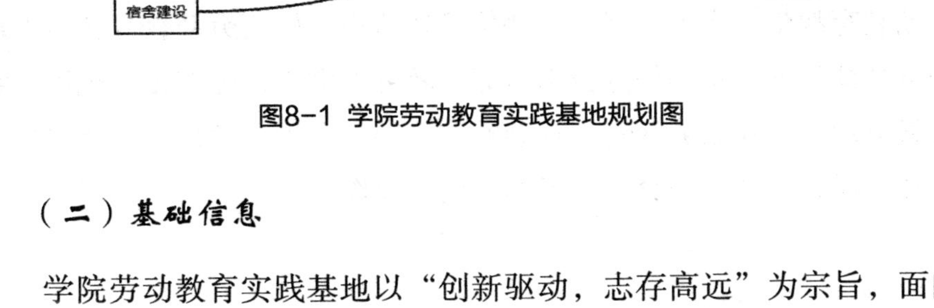

图8–1　学院劳动教育实践基地规划图

（二）基础信息

学院劳动教育实践基地以"创新驱动，志存高远"为宗旨，面向航空航天、军事装备等高端装备制造行业的大型复杂曲面零件的熔模精密铸造领域，以选择性激光烧结 3D 打印技术和逆向工程技术为主要研究对象，打造集科研、教学和生产于一体的产教融合平台，占地面积达一千六百平方米，开放时段为学校和学院设置的劳动周、劳动月以及实训实习时间，单日可接待人数达 200 人。

四、具体举措

（一）树立具有职业教育特色的新观念

高职毕业生的劳动教学应按照高职教育的发展方向，学校应从培养学生主体的角度，从培养和发挥其主体地位，实现劳动教育的目的，重视培养和提升其自我修养。

一是把职业教育与劳动教育相结合。学校整合了国内外各种优秀的教学资源，并在重庆 3D 打印智能制造基地的基础上，将劳动观与工匠精神结合到专业的教学之中，使其在培养员工的工作能力的基础上，增强员工的劳动意识，树立起良好的劳动理念。二是把劳资关系教育与企业的协同发展相结合。“产教融合，校企合作”是高职院校发展的基本特征，高职院校应推行校企合作的新型劳动教育新形式，利用校企合作模式的优质资源整合，有效发挥学校高理论程度的教师资源和企业丰富劳动实践资源的优势，通过企业实践课学习，在培养学生专业技术能力的同时，有效地培养学生的劳动实操能力，实现专业技能和劳动素质养成。把劳动教育与学校的教学和经营相结合。在劳动教育教学、实习、督导、评价等环节中，构建劳动教育教学工作的可持续发展，运用信息技术对劳动教育教学进行标准化；积极探索实践活动、专业服务活动、社会实践活动和勤工俭学活动，努力提高人才素质，为“劳动育人”工作起到积极作用。

（二）以培养工匠精神为核心的学科建设

以立德树人为基本工作，以“三全”为核心，在学校内部形成一种积极的工作气氛，建设具有鲜明的职业化特征的劳动课程体系，并在此基础上，制定融合“工匠精神”的课程标准及课程资源。其内容有：一是制定职业技能培训的教学大纲。这就必须对劳动法的学科属性进行界定，使其成为一种既有理论性又有实践性的学科。以德育为基本目标，以“以德、智、体、美、劳”为主要的德育目标；针对专业技术人员培养的课程内容应符合高职技术人员的发展特点，将其融入培养中；在实施新课程时，应将其与专业特点相联系，将其与教师的专业素质、职业素质的培养相融合。二是要制定劳动法课程的教学大纲。课程管理系统是围绕教学工作而建立的一套标准化的系统。选拔高素质专业老师，并制定健全的考核体系；在对“工匠素养”的教学中，要严格按照“课程思想”的要求，严格审查其教学内容；以高质量技术人才为核心的科学课程教学评估，对其进行评估。

（三）培养具有职业技能的专业教师

开展劳动课，建设具有鲜明高职特色的劳动法课程师资队伍是高职院校的当务之急。职业教育的特点，要求高职院校专业师资的培养应遵循“专兼结合、校企结合、大师引领、多元组合”的办学方式，以“高职业素质、高专业能力”为目标，为职业学校的职工“职业成长”服务。一是充实和健全教师组织。全体员工参加，由任课教师、辅导员和班主任组成的专职劳动教育教师和其他兼职教师组成。高职高专职工的工作岗位是由校企联合企业技术骨干和经营骨干组成，由专业名师、名师引领兼职教学团队。二是对职业教育的影响。建立和健全职业教育师资培训计划，加强对已有的师资队伍的教育，以提升其劳动教育的理论和教育改革能力；在学校内部和外部，要注重培养实习老师的动手技能和实际操作能力，尤其要加强“技能养成”的技能训练，以提升其职业教育的性质。三是要加强对名匠的培养。通过建立以“工匠”为载体，以“工匠”为核心，以“工匠精神”为载体的机制，把“劳动”的内涵融入“职业”之中，让学生在进行专业教育学习的过程中也在接受劳动教育，提高劳动育人的效果。四是加强名师工作室的创建。以技术精湛、技艺精湛的专家为骨干，依托大学的优势，充分利用传统厂房的师徒“传帮带”的特色，将技术传授给学生，让他们了解到匠人的内涵，继承和弘扬工匠精神。五是标准化技术服务计划的制订。现有学院工作室及基地承担的科技与技术服务工程，包含了大量的劳动态度及培养的教学资源。同时，加强了“工匠”和“劳动”的观念，使其在“技能”活动中获得技能知识、提高劳动能力。六是要健全工程建设的管理与评价方法。在实习教学工作中，应确立健全实习教学工作的管理与评价制度，在实习教学中，确定培养和提高员工的劳动观念；课程内容应包括：强化劳动素质，促进学生的综合素质；对大学生的劳动技术知识的运用，对劳动纪律、工作态度、工作职责等进行评价。

（四）加强开展劳动教育工作实践

学校积极响应新时期的新要求，以“双高计划”为契机，把劳动教育与专业实习结合起来，通过在实习中促进劳动观念养成的教育，提升高职院校学生的技术素质，培养学生的工匠精神和爱岗敬业的劳动态度，切实做足劳动育人大文章，唱响劳动育人最强音，让新时代劳动精神在与职业教育的深度融合中更具生机，体现中国理论、中国体制、中国文明的重要意义。一是以“职业技能培训”为平台，结合“技能人才”必修课。通过制订职业技能培训的具体实施计划，对大学生进行职业技能培训，将“工匠精神进学校”制度化、常态化、规范化，进一步提升“工匠精神进学校”的深度和广度，使其成为劳动教育的内在支撑。二是在“工匠”工作室的基础上建立“职业技能培训”示范点。学校以新时期的劳动法为指导思想，以“名师工作室”为平台，充分发挥自身的优势，开展多种形式的劳动实习活动。

五、保障措施

（一）组织保障

高等职业院校要制定适应劳动教育发展的学科、科研、师资队伍建设规划，建立学科建设和劳动教育专项工作小组，把劳动教育的建设发展置于整个学校发展的重要位置，结合学科发展建设、专业建设和现有人员的具体情况，制定符合劳动教育发展的学科、科研、师资队伍建设规划，并组织重点实施。此外，加强工会组织的组织保证，除了注重自身的组织外，还要充分发挥业界、学界、行业协会的力量，成立一个专门的学术小组，并设立一个有效的评价机制，对学校的组织和实施进行有效的评价，以不断地改善和优化专业发展和培养人才的制度。

（二）投入保障

加强学校的软件建设，是提高职业院校教学质量的重要保证。从当前高职院校的发展状况来看，人力、财力和物质保障是就业的重要保障。首先，教师资源的投资是促进我国劳教事业发展的重要保证，应该采取引进、培养“双师型”人才的方法。一是选择有一定学历的学校师资作为职业教育学专业老师；二是加强对师资的培养；三是通过聘用有一定实际工作经历和专业素质的优秀劳模、企业家、优秀校友等，为提升高职院校的劳模、企业家、优秀校友提供咨询服务。其次，资金的投资是进行劳动法教学工作的重要保证。因此，高职高专院校要加强对劳动教育的投资，确保其经费的有效利用。要把劳教经费纳入年度财政预算，并拨出专门的经费，以保证其正常、有效地开展。同时，要通过整合政府、行业、企业、知名校友等途径，广泛组织社会团体，凝聚社会力量，为劳动教育事业发展提供稳定的财政支持。另外，提供教学设备、场地、教材、师资培训等，对开展劳动教育工作具有一定的促进作用。

（三）时间保障

教师在实施教育的过程中，通过时空联系，使教师与学生在教学中相互促进。当前，我国劳动教育发展的第一个问题是“时间”。为此，要在一定的时限内进行创造性的职业技能培训。因此，高职院校应该强化劳动教育的教学体系，从教学时序、学分保证等方面进行合理分配，保证每个学期的劳动教育老师有 32 课时以上的授课时间，就每周的授课安排来说，搭建线上学习交流平台，确保教师和学生有一定的时间可以了解与关注劳动教育相关内容。另外，在保证教学时间的前提下，要将劳动教学融入普通课程的教学之中，并将其与工作有关的考试或学分列入学生的最终考核之中。在此基础上，要进一步明确学校工作的重要性和功能，并在寒假期间积极组织教师开展具有特色的劳动教育实践活动，引导学生积极参与讨论和实践，创造复杂的价值，将课堂从教师单向度地传授知识转变为学生多向度地主动获取知识。

（四）空间保障

要按照《关于全面加强新时代大中小学劳动教育的意见》的要求，结合高职教育的发展规律与实际情况，积极探讨高职高专院校的劳动教学模式。随着信息化时代的到来，多功能、信息化的教室逐渐形成，学生的学习空间从教室内部向外部扩展、从实体空间向虚拟空间扩展。在劳动教学方面，其空间保障内容有：学习办公场所保障、实践教学平台建设、网络平台延伸、交流空间扩展等。如果可以在学校设立专业的劳教基地，提供研究和研讨的空间，提供实践教学平台，实验教学中心，实习基地。其次，它是一种抽象的主题教育，它把教学的空间扩展到了互联网上，可以帮助老师以场景仿真的形式来获得注意力，从而引起学生的兴趣。拓展师生交往的领域，按照学校人才培养和劳动教育的要求，定期派出一定比例的杰出的教师和学生，到校外进行访问、交换，在物理和心理层面上提升教师和学生的发展水平，从而达到“产学研”和嵌入式的协同办学的目的。

（五）技术保障

技术支持是高校实施职业技能培训的一个主要内容，它的目标是推动高校的信息化建设，为高校的教学与研究工作提供技术支持。目前，我国劳动法的技术保证体系建设主要有：建设劳教师资资源库、建设数字化教学资源、建设网络教学环境、多媒体设备管理等。首先，利用现代化的教学信息化建设，努力建设同类或地区性的高职院校的劳教师资资源，营造开放的高职劳动教育资源，实现对劳动教育师资的共享；而要实现教师资源共享化、师生在线一对一或者一对多互动、学生个性化学习、延伸课堂内容等，都必须借助已有的互联网技术。其次，保证多媒体系统的正常工作也是技术支持的一个主要方面。

（六）安全保障

在开展劳动教育时，高职院校建立相应的劳动教育安全保障体系，制定相应的劳动教育管理规范机制和培训机制。一是对所有学生进行安全防护知识、岗位操作规程教育培训，教育学生遵守安全操作和劳动教育相关规范和劳动纪律，加强安全教育，强化学生的劳动教育保护；二是建立劳动教育应急处理机制，降低劳动教育过程中产生的各类风险，切实保障师生安全。

第二节 “大手拉小手，劳动促成长”——两江小学、高职院校 3D 打印智造劳动教育实践共创基地方案

一、学校及基地概况

（一）学校概况

高职院校是全日制公办普通高等院校。学校前身是重庆机器制造学校，1956 年，由原国家机械工业部创建；2000 年，重庆机器制造学校和重庆机械职工大学合并升级为高职院校；2006 年获批为首批 28 所国家示范性高职院校建设单位；2010 年整体搬迁入住渝北空港新校区；2019 年获批中国特色高水平高职学校和专业建设计划建设单位（B 档）。学校占地 1287.79 亩，建筑面积 34.2 万平方米，现有全日制在校学生 17600 余人，设有车辆工程学院、电子与物联网工程学院、人工智能与大数据学院、建筑工程学院、设计学院、轨道交通与航空服务学院、化学与制药工程学院、经济与管理学院、马克思主义学院（思想政治理论课教学研究部）、通识教育学院（体育工作部）10 个二级学院和教学单位，开设 53 个专业。在中国教育质量评价中心、武汉大学中国科学评价研究中心等联合研发的 2020 年中国高职高专院校竞争力排行榜中位列全国第 9 位，先后三次被评为全国职业教育先进单位，并获得全国职业院校“教学管理 50 强”“学生管理 50 强”“育人成效 50 强”等 6 个“50 强”荣誉称号，办学成效显著。

学校是首批国家“十三五”产教融合发展工程规划项目学校、机械行业智能装备制造（西南）职教集团、重庆智能制造职教集团理事长单位、重庆市技术转移示范机构、成渝地区双城经济圈职业教育协

同发展联盟第一届理事会理事长单位和联盟职业教育发展研究院主任单位。先后获得全国大中专学生志愿者暑期“三下乡”社会实践活动先进单位、重庆市依法治校示范校、重庆市五四红旗团委、重庆市五一劳动奖状等省市级荣誉近百项。当前正积极在高赋能先进制造业中挑重担做贡献，朝着建成“中国特色、世界水平”的高水平高等职业学校阔步前进。

（二）基地特色

学院劳动教育实践基地以重庆 3D 打印智造中心为依托，以实训中心、学生青年志愿组织、学生宿舍、专业课堂为补充载体，该中心以“创新驱动，志存高远”为宗旨，面向航空航天、军事装备等高端装备制造行业的大型复杂曲面零件的熔模精密铸造领域，以选择性激光烧结 3D 打印技术和逆向工程技术为主要研究对象，打造集科研、教学和生产于一体的产教融合平台，占地面积达 1600 平方米，开放时段为学校和学院设置的劳动周、劳动月以及实训实习时间，单日可接待人数达 200 人。

二、具体方案

（一）指导思想

两江小学和重工学院的劳动实践教育以中共中央、国务院发布《中共中央 国务院关于全面加强新时代大中小学劳动教育的意见》为指导，以学院校内劳动教育实践基地为场所，以“实践育人”为基本途径，坚持有计划、有组织、有目的地组织学生参加丰富多彩的劳动实践活动，积极探索劳动教育在素质教育中的作用，增强学生的劳动观念，培养学生的生活、生存技能，在动手动脑中培养学生创新意识和实践能力，促进学生全面发展。

（二）劳动教育工作小组

学院相关领导及学工办负责人及分管老师组建学院劳动教育工作领导小组。

（三）基本原则

1. 育人为本

坚持立德树人为根本，准确把握劳动教育的价值取向，引导学生树立正确的劳动观，增强对劳动人民的感情，以诚实劳动报效国家、奉献社会。

2. 适时适度

将劳动实践教育有效融入学生日常学习生活中，根据学校学段特点、学生特点、学业特点，将其与专业发展有机结合，选择恰当的劳动项目和内容，安排适度的劳动时间和强度，做好劳动保护，确保学生人身安全。

3. 融合专业

结合学生学习过程和特征，探索建立产教融合的劳动教育方式，将劳动教育与教学活动有机融合，明确劳动教育时间，弘扬劳动精神、工匠精神、劳模精神。强化诚实合法劳动意识，培养科学精神，提高创造性劳动能力。

4. 实践导向

将劳动实践作为学校开展劳动教育的主要途径，让学生直接参与生产劳动过程，增强劳动感受，体会劳动艰辛，分享劳动喜悦，掌握劳动技能，养成劳动习惯，提高动手能力和发现问题、解决问题的能力。

（四）活动内容

1. 主题一：3D 打印系列活动（探索 3D 打印奥秘、体验 3D 打印乐趣）

在专业老师的讲解下共同学习 3D 打印技术相关基础知识及应用，欣赏丰富多彩的 3D 打印产品，近距离观察 3D 打印全过程，探索 3D

打印的奥秘；在专业老师的指导下共同制作简易 3D 打印工艺品，激发学生兴趣，培养创新意识，享受劳动乐趣。

参与对象：两江小学学生（每次 30 人）。

活动时间：与两江小学商定后确定，本系列活动可根据具体情况分期开展。

（1）初识 3D 打印。

目标：激发学生学习热情，了解基础知识。

请 3D 打印智造中心老师给学生讲解 3D 打印的相关知识，通过 3D 打印的成功案例的视频播放引入、现场参观、成品展览等多样化的形式，帮助学生了解 3D 打印的概念、历史、类型、耗材等基础知识，让学生对于 3D 打印有初步的了解。

（2）认识建模软件。

目标：培养 3D 思维，掌握软件应用。

通过带领学生在软件上一起制作蜂巢笔筒，向学生介绍 3D 打印所需的应用软件，帮助学生掌握模板的设置、工具栏的设置、视图的切换及其特点等基本知识。

（3）3D 打印流程思维导图制作。

目标：明确 3D 打印流程，加深 3D 打印认识。

在开展的活动的基础上以及指导老师的帮助下，启发学生自主动手制作简易的 3D 打印流程思维导图，进一步加深学生对 3D 打印的认识，全面掌握 3D 打印流程。

（4）3D 打印合作交流与展示。

目标：锻炼合作能力，培养创新思维。

通过小组合作，利用建模软件展示小组制作的创意作品，修改并完成作品制图，使学生在实际运用中提高软件的操作技能，发展审美、创意构图等综合能力，提高学生自我表现及评价作品的能力。

（5）3D 打印制作成品，献礼建党 100 周年。

目标：体验劳动快乐，培养爱国情怀。

在专业老师和实训老师的指导下，让学生动手制作 3D 打印制作作品，通过操作加深对 3D 打印知识的掌握，浓厚知识兴趣，体验劳动快乐，用实际行动向建党 100 周年献礼。（图 8-2）

图8-2 建党100周年作品示意图

2. 主题二：向劳动者致敬（组织学生制作劳动小作品）

以 3D 打印设计图纸、手抄报、绘画、书法、贺卡等形式制作小作品，同时以班级为单位进行轮流展览，用亲手制作的小礼品表达自己对“劳动”的理解以及对劳动者的尊敬和感恩。

参与对象：两江小学学生（60 人）。

活动时间：与两江小学商定后确定。

3. 主题三：珍惜劳动成果（组织学生参与拒绝铺张浪费引导）

在学院志愿者引导下，到高职院校第一食堂参与“厉行勤俭节约、拒绝铺张浪费”的宣传活动，为前来就餐的师生发放宣传资料，在活动过程中体验劳动成果来之不易，应该要珍视劳动成果，同时践行志愿精神。

参与对象：两江小学学生（30 人）。

活动时间：与两江小学商定后确定。

4. 主题四：学习雷锋精神（观看志愿者义务维修进社区活动，社区为校内丁香水榭社区）

跟随学院的志愿者们，进入社区参与志愿者义务维修进社区活动，观摩志愿者们在社区中为居民们义务维修小家电，体验义务劳动给社区带来的便利，增进学生的志愿者精神，达到用实际行动践行雷锋精神和用专业技能弘扬雷锋精神的乐趣。

参与对象：两江小学学生（30人）。

活动时间：与两江小学商定后确定。

5.主题五：劳动教育启蒙（聆听老师讲解劳模光荣事迹）

请名师工作室老师给大家讲解劳模光荣事迹，结合视频、音乐、PPT、故事等形式为学生讲解劳模光荣事迹，开展劳动教育启蒙。

参与对象：两江小学学生（30人）。

活动时间：与两江小学商定后确定。

三、保障措施

（一）安全保障

在开展劳动实践教育时，学院建立相应的劳动教育安全保障体系，制定相应的劳动教育管理规范机制和培训机制。一是对所有参与的大学生和小学生进行安全防护知识、岗位操作规程教育培训，教育学生遵守安全操作和劳动教育相关规范和劳动纪律，加强安全教育，强化学生的劳动教育保护，坚持做好自我安全防护，出门戴口罩，勤洗手，少聚集；劳动过程中注意做好安全防护，防止滑跌或被器物所伤；二是建立劳动教育应急处理机制，降低劳动教育过程中产生的各类风险，切实保障师生安全。

（二）组织保障

与两江小学商定成立劳动教育领导小组，把劳动教育作为德育工作的重要内容，保证劳动教育的实效性、多样性和有效性。

（三）技术保障

有专业的指导老师和负责后勤保障的老师参与劳动教育实践的全

过程，保证劳动教育的质量和成效。

第三节　高职院校打造校外劳动教育实践基地案例

一、打造校外劳动教育实践基地的基础

（一）硬件基础

机械工程及自动化学院按照“以群建院”原则，围绕全国双高学校重点专业群 – 模具数字化设计与智能制造产业链的关键核心岗位，由原机械工程学院和智能制造学院部分核心重点专业强强整合而成的一所二级学院，学院内专业设置具有办学历史悠久、成果积淀厚重、国内影响突出等特点。学院重点对接重庆元创汽车整线集成有限公司，以模具数字化设计等为主攻方向开展人才培养和技术研究，打造高素质技术技能型创新人才。重庆元创汽车整线集成有限公司教学资源完备，该公司成立于 2002 年 4 月，旗下的公司有：元创自动化公司、创隆实业公司、典果成实业公司、元韩研究院、浙江中铝轻量化公司等。公司主营业务包括：汽车模具设计开发、白车身及部件设计制造、智能化产线研发及生产、特种车整车制造等四大领域，在汽车智能制造装备领域，具备从关键技术开发、成套装备集成到产业化示范应用的完整能力。开展学院与重庆元创汽车整线集成有限公司合作是康明斯项目的一部分。自 2013 年康明斯项目落户学校，学院作为代表之一与企业已开展了多项旨在提高学生综合能力、零距离上岗等各项合作。其中校外实训环节是实施劳动教育的重要组成部分，也是体现学生岗位技能培养的重要途径。

（二）软件基础

学院有专门用于实践教学的“顶岗实习平台”，用于管理学生的实习单位申报、实习过程管理以及毕业综合实践报告撰写等。通过该平台，学生可以和指导老师互动，使管理规范。实践教学基地合作单位重庆市元创集团有限公司针对学生不同情况设置实习岗位，并且采取轮岗实习的方式，尽量让学生接触模具设备应用于维护各岗位。由企业指导老师和校内指导老师共同针对实习过程采取分阶段集中教学，针对实习中的问题进行辅导。

二、总体规划

（一）总体部署

以重庆元创汽车整线集成有限公司为依托，通过校外实训、校企合作推动劳动教育实施，健全校企双方联动协同机制。通过到企业顶岗实习，使学生走向社会，接触本专业工作，拓宽知识面，增强感性认识，锻炼综合运用所学的基础知识、基本技能和专业知识的能力，同时培养独立分析和解决实际问题的能力，把理论和实践结合起来，提高实践动手能力，从而丰富劳动教育实践项目。同时还可以检验教学效果，为进一步提高教育教学质量、增加劳动教育教学，培养合格人才积累经验。

（二）基础信息

公司于 2004 年通过 ISO9001:2000 国际质量体系认证，并于 2010 年 3 月通过 TS16949 管理体系认证。公司连续 9 年荣获“重庆市重点企业”称号，多次获得“国家级高新技术企业”奖项，重庆市首批认定“企业技术中心”称号，多次获得国内外主机厂“优秀供货商”“最佳质量奖”等称号，重庆市多家院校指定实习基地等殊荣。

公司占地面积 33 000 余平方米，已于 2004 年通过 ISO9001:2000 国际质量体系认证，拥有一批专业化的管理、研发队伍，具备大中型模具 500 ～ 600 套。重庆元创汽车整线集成有限公司拥有 20 台大型加工中心、3 台高速加工中心、1 台五轴加工中心、17 台压机、3D/2D 激光切制设备、龙门式三次元测量机、三维激光扫描设备等。开放时段为学校和学院设置的劳动周、劳动月以及公司实训实习时间，单日可接待人数达 300 人。

三、具体举措

（一）加强实践教学

学校应进行校企合作，建立有特色的实习基地，为学生提供实习场所和时间，加强实践教学，并在教学中充分体现大学生的主体地位，从而实现劳动教育的目的。

在实践教学中引入了劳动教育。高职院校要探索一种新型的校企结合劳动教学方式，充分利用高校高水平的师资力量和公司丰富的劳动实践资源的优势，通过企业实践课学习，在培养学生专业技术能力的同时，有效地培养学生的劳动实操能力，实现专业技能和劳动习惯同养成。

（二）建立健全组织管理体系

建立一个由学校分管教学的院长带队，企业总经理担任副组长的“基地”，和一个由学院的院长带队，企业人力资源部的负责人担任组长，组建元创企业的“基地”。健全运行管理体系，健全人才培养、运行管理、师资队伍建设与管理、基础设施建设与管理等相关制度与法规，健全并实施以学校为主、企业参与、分工合作、良性互动的运行管理体系与机制。保障学生学习、训练和实践教学的本质，本中心依据各学科的发展规划，制定和实施了科学、系统化的实训课程，保证了该中心优秀实践教学资源的有效使用，保证了该基地在开放性运作中的安全、有序，并依据工程实践训练项目体系，构建了实习实训教学及质量监督体系与机制，对教学运行过程进行实时动态监控，保障实习实训质量。

制定和实施开放式运营的保证机制。基地要充分发挥校企对基地建设和人才的扶持机制，制定基地管理办法、开放运行办法、开放运行管理办法等制度和政策措施，从而在组织管理、经费投入、政策制度、体制机制、队伍建设上保证基地开放运行创新人才培养模式，优化人才培养要素，校企互动，着力培养学生工匠意识和实践动手能力，真正让学生受益；建立健全企业安全知识教育制度、企业生产安全操作规程、学生食宿安全制度、学生外出活动安全制度等安全设施建设，确保安全设施完好、齐全。

（三）创新实践教学模式

优化机械、模具、数控、智能控制技术等高等职业院校优秀人才的培训方案，以突出技能人才的培育为基础，注重“工匠精神”的培育，注重科技与工程的应用。加强大学生的动手能力和创造精神的训练，将学科的基础科学与机械工程结合、机械工程与机械工程的实际结合，加强学生的动手能力和创造精神的训练。在实践活动中推动劳动观念的教育，提升专业技术、工匠意识、热爱工作的态度，真正做好劳动育人大文章，唱响劳动育人最强音，让新时代劳动精神在与职业教育的深度融合中更具活力，体现中国理论、中国体制、中国文明的价值。课程资源的最优分配是：“专业教育不断线，创新实践不断线，企业合作不断线”，在校内实习、课程设计、企业实习、项目设计和科研等方面，达到“专业不断线，创新实践不断线，企业合作不断线”的最优课程配置。新的课程系统以“宽基础、强实践、重创新”为特征，构建了以化学基础、机械基础与专业、校企联合等三大课程群。加强校企合作的协同发展，以“校外实习”为依托，开展了多所院校的专业调研和多个优秀的机构设计与制造专业技术人才联合培养基地的集思广益，制定企业学习阶段培养方案，完善校企合作联合培养模式。在学校的学习期主要以机械设计、模具加工、数控技术等为基础，而在企业的实习中则以公司实习为主要内容。

四、保障措施

（一）政策保障

2020年3月，中共中央、国务院发布了《中共中央 国务院关于全面加强新时代大中小学劳动教育的意见》。2020年7月，教育部发布了《教育部关于印发〈大中小学劳动教育指导纲要（试行）〉的通知》。

《中共中央 国务院关于全面加强新时代大中小学劳动教育的意见》指出："职业院校以实习实训课为主要载体开展劳动教育，其中劳动精神、劳模精神、工匠精神专题教育不少于16学时。""除劳动教育必修课程外，其他课程结合学科、专业特点，有机融入劳动教育内容。大中小学每学年设立劳动周，可在学年内或寒暑假自主安排，以集体劳动为主。高等学校也可安排劳动月，集中落实各学年劳动周要求。"《教育部关于印发〈大中小学劳动教育指导纲要（试行）〉的通知》指出："职业院校要将劳动教育全面融入公共基础课，要强化马克思主义劳动观、劳动安全、劳动法规教育。"专业课在进行职业劳动知识技能教学的同时，注重培养学生'干一行爱一行'的敬业精神，吃苦耐劳、团结合作、严谨细致的工作态度。"根据以上两个文件要求，在劳动理论课程设置上可以采用"劳动专题教育必修课 + 融入劳动元素的公共基础课 + 专业劳动技能理论课"的模式。

（二）师资保障

双师型教师队伍建设良好。其中，教授20人，副教授/高级工程师38人，具有博士学位教师15人，硕士学位教师36人；拥有重庆市高校黄大年式教学团队1个，数字化设计与制造重庆市高校工程中心1个，重庆市高校创新研究群体1个，市级教学团队4个，机械行指委领军人物1人，全国技术能手3人。并通过企业脱产培训、企业技术革新与改造项目研究，聘请联合培养企业和高新技术企业的专家来校兼职授课等方式，培养双师型教师。制定了双师型教师队伍建设系列规章制度和政策措施。按照“多渠道、多层次、全方位培养师资”的原则，学院遵守《重庆市教育委员会 重庆市财政局关于开展高等职业教育双基地建设项目申报工作的通知》（渝教高函〔2018〕50号），《教育部 财政部关于实施中国特色高水平高职学校和专业建设计划的意见》（教职成〔2019〕5号）等规章制度和政策措施。

（三）平台保障

企业实践是高职院校中工学结合、校企合作的得天独厚的优势，是学生在企业真实的工作场地，对学校所学的理论知识的实战演练。企业顶岗实习，是学生毕业前的实战，让学生在实际的工作岗位上，学会适应岗位、学会与人相处，同时，也要让学生认识到，在实际的劳动中，要具备深厚的专业知识才能适应岗位的需求。劳动者所具备的优秀品质，在企业顶岗实习中是一次展示，也是一次暴露。要制定学生顶岗实习劳动手册，或充分发挥数字媒体平台，让学生每日记录劳动内容与劳动体会，为学生毕业后步入工作岗位做好经验与知识积累。

（四）安全保障

在开展劳动教育时，学院建立相应的劳动教育安全保障体系，制定相应的劳动教育管理规范机制和培训机制。一是对所有学生进行安全防护知识、岗位操作规程教育培训，教育学生遵守安全操作和劳动教育相关规范和劳动纪律，加强安全教育，强化学生的劳动教育保护；二是建立劳动教育应急处理机制，降低劳动教育过程中产生的各类风险，切实保障师生安全。

附录一　《高职院校劳动实践教育考核手册》简介

一、前言

中共中央、国务院《关于全面加强新时代大中小学劳动教育的意见》的出台后，高职院校按照中央、市委和市委教育工委、学校党委的要求，加强统筹，构建德智体美劳全面培养的教育体系，推动劳动教育在学校全面落实落地。针对大学生的劳动实践教育管理考核工作，制定了《高职院校劳动实践教育考核手册》

这是一本什么样的手册？

劳动实践教育考核手册主要是针对学生大学期间开展的生产性、服务性和日常生活性劳动实践教育中劳动教育中的养成教育。学生劳动习惯的养成，知识的习得，技能的提升，劳动情感的培育，不是一朝一夕之功，需要持之以恒，点滴积累。劳动实践教育考核评价工作，坚持发展性原则、整体性原则、多元性原则和过程性原则。考核工作的目的是促进学生参与劳动实践教育，督促学生对劳动实践教育的过程进行总结记录，对学生的劳动教育行为进行及时考核反馈，将学生参与劳动实践教育的结果记录在学生成长档案内。

手册的设计着眼于学生劳动实践教育考核工作的可操作性，在劳动实践教育指标体系的基础上，以项目驱动的方式，明确每个项目的考核点，为学生参加劳动实践教育提供套餐式的选择。结合劳动教育实施方案，将劳动实践教育工作形成系列劳动实践教育项目，每个劳动实践教育项目形成劳动实践教育项目自评表和劳动实践教育项目考核表，供参加劳动实践教育项目的学生和二级学院使用。手册分为纸质档和电子档，在试行期，主要用纸质档进行记录。在下一步的工作中，手册将形成电子档，纳入学工系统管理，方便学生及时进行记录，作为五育并举的重要举措之一。

谁来使用这本手册？

手册的使用对象主要为在校大学生。学生在选择参加学校组织开展的劳动实践教育项目时，或团队自选开展劳动实践教育项目时，填写手册里面的劳动实践教育项目自评表，对参加劳动实践情况进行记录。劳动实践教育项目考核表主要使用者为二级学院，便于对学生劳动实践教育开展情况进行检查监督和考核指导。

如何来用这本手册？

一是从思想上要高度重视手册的重要意义。本手册的制定是按照学校党委的部署，对学生劳动实践教育工作提出了明确的考核要求，手册的有效使用有利于推进五育并举，培养社会主义建设者和接班人。二是从业务上，要加强对手册使用的指导，督促学生及时对参加劳动实践教育项目的情况进行记录整理。手册是劳动实践教育工作的重要部分。学生对劳动实践教育项目自评表和考核表的完成情况，将统一纳入学生年度劳动实践教育鉴定。三是手册的使用要和综合素质学分紧密结合。将学生参加劳动实践教育项目的情况纳入学生综合素质学分。四是手册的使用要和劳动教育评优评先紧密结合。对积极参加并顺利完成劳动实践教育项目的学生，要通过系统平台及时给予认定，学生提交了项目鉴定表和项目完成情况总结的，颁发数字化劳动实践教育项目证书。根据学生获得劳动实践教育项目证书的数量，授予月度、学期、年度“劳动之星”荣誉称号；结合获得“劳动之星”的情况，可以与“劳动先进个人”“劳动先进集体”“优秀劳动实践教育基地”等评选进行挂钩，并进行年度表彰奖励。

二、劳动实践教育考核指标体系

（一）劳动实践教育考核指标

劳动实践教育考核指标体系见表附录 1–1。

表附录1–1 劳动实践教育考核指标体系

<table>
<tr><th>基本内容</th><th colspan="2">具体内容</th><th>项目设计</th><th>要求</th></tr>
<tr><td rowspan="5">生活性劳动实践教育</td><td colspan="2">生活劳动常识</td><td rowspan="2">生活常识、洒扫庭除、物品选购、行李收纳、简单厨艺、服装搭配等</td><td rowspan="2"></td></tr>
<tr><td colspan="2">生活劳动技能</td></tr>
<tr><td colspan="2" rowspan="3">生活劳动体认
学校生活体认（校园环境卫生、教室卫生等）
家庭生活体认（厨艺等家务劳动）</td><td>个人生活体认（寝室卫生等）</td><td></td></tr>
<tr><td></td><td></td></tr>
<tr><td></td><td></td></tr>
<tr><td rowspan="2">服务性劳动实践教育</td><td colspan="3">专业服务性劳动（创新创业劳动等）</td><td></td></tr>
<tr><td colspan="3">一般服务性劳动（校内志愿服务、勤工助学、社会实践、公益劳动等）</td><td></td></tr>
<tr><td rowspan="6">生产性劳动实践教育</td><td rowspan="3">生产劳动准备</td><td>生产劳动常识</td><td>职业道德，行业劳动标准，行业安全，行业法律法规等</td><td></td></tr>
<tr><td rowspan="2">生产劳动技能</td><td>专业劳动技能（专业设备除尘养护等，生产工具与操作规范熟练、劳动安全防护等）</td><td></td></tr>
<tr><td>通用职业技能（时间管理、自我管理、沟通管理、信息技术、社交礼仪等）</td><td></td></tr>
<tr><td rowspan="3">生产劳动实践教育</td><td>认识实习</td><td>工作环境认知、岗位认知、工作流程及安全注意事项</td><td></td></tr>
<tr><td>跟岗实习</td><td rowspan="2">企业文化认知、岗位适应能力、工作流程及工具使用规程、应急处突能力等</td><td rowspan="2"></td></tr>
<tr><td>顶岗实习</td></tr>
</table>

（二）劳动实践教育考核评价

劳动实践教育考核评价主要包括学生自评、团队成员互评、指导教师评价和企业家庭评价等。

三、生活性劳动实践教育考核项目设计

（一）学生寝室卫生劳动实践项目

学生寝室卫生劳动实践是指学生在寝室落实学校关于寝室卫生的标准，创建良好寝室卫生条件，打造健康生活环境开展的劳动实践。

考核指标：①学生能够熟悉寝室卫生劳动实践的内容；②学生能够明确寝室卫生劳动的整体流程；③学生能够了解寝室卫生劳动实践中应注意的安全问题；④学生能够说出寝室卫生劳动工具的具体用途；⑤学生能够掌握寝室清洁卫生的劳动技能，提高劳动能力；⑥能够培养学生的劳动意识，端正学生劳动动机、劳动态度；⑦学生能够养成正确的劳动观念。（见表附录 1-2 和表附录 1-3）

表附录1-2　学生寝室卫生劳动实践教育项目自评表

<table>
<tr><td colspan="6">劳动实践名称：学生寝室卫生劳动</td></tr>
<tr><td>学生姓名</td><td></td><td>学生班级</td><td colspan="3"></td></tr>
<tr><td>劳动实践时间</td><td></td><td>劳动地点</td><td colspan="3">栋　　寝室</td></tr>
<tr><td colspan="6">自评指标</td></tr>
<tr><td colspan="6">任务步骤：请认真回答以下表格问题，并在符合自身实际情况（很好、好、一般、需努力）的相应位置画√，问题的答案应符合劳动教育的要求</td></tr>
<tr><td colspan="2">正确自评回答以下问题</td><td>很好</td><td>好</td><td>一般</td><td>需努力</td></tr>
<tr><td colspan="2">1. 自己能够回答寝室卫生的内容</td><td></td><td></td><td></td><td></td></tr>
<tr><td colspan="2">2. 自己能够明确寝室卫生劳动的整体流程</td><td></td><td></td><td></td><td></td></tr>
<tr><td colspan="2">3. 自己能够说出寝室卫生劳动中应注意的安全问题</td><td></td><td></td><td></td><td></td></tr>
</table>

续 表

劳动实践名称：学生寝室卫生劳动				
4. 自己能够说出掌握寝室卫生劳动工具的具体用途				
5. 培养了自身的劳动意识，端正了自己的劳动动机和劳动态度				
6. 养成了自身正确的劳动观念				
7. 养成了自己爱卫生的良好习惯				
8. 自己掌握了做好寝室清洁卫生的劳动技能，劳动能力得到提高				
9. 培养了自己吃苦耐劳，艰苦奋斗的精神				
10. 通过参与寝室卫生劳动，懂得珍惜劳动成果				
11. 通过自己动手做好寝室卫生，身心得到愉悦，个人情操得到了熏陶				
自评结果	合格 □	基本合格 □	不合格 □	
学生自述在本次劳动中的感悟： 学生签字：　　日期：				

表附录1-3　学生寝室卫生劳动实践教育项目考核表

劳动实践名称：学生寝室卫生劳动				
学生姓名		鉴定教师姓名		
鉴定时间		鉴定地点		
考核指标				
任务步骤：请认真回答考核教师提出的如下问题，考核教师通过现场查看劳动实践情况和询问学生劳动实践体会后在（很好、好、一般、需努力）相应位置画√，问题的答案应符合劳动教育的要求				
正确回答以下问题	很好	好	一般	需努力
1. 学生是否熟悉寝室卫生劳动实践的内容				
2. 学生是否明确寝室卫生劳动的整体流程				

续 表

<table>
<tr><td colspan="7">劳动实践名称：学生寝室卫生劳动</td></tr>
<tr><td colspan="3">3. 学生是否了解寝室卫生劳动中应注意的安全问题</td><td></td><td></td><td></td><td></td></tr>
<tr><td colspan="3">4. 学生是否能够说出熟练掌握寝室卫生劳动所使用工具的用途</td><td></td><td></td><td></td><td></td></tr>
<tr><td colspan="3">5. 学生是否培养了劳动意识，端正了劳动动机、劳动态度</td><td></td><td></td><td></td><td></td></tr>
<tr><td colspan="3">6. 学生是否养成了正确的劳动观念，树立了爱劳动，以劳动为荣的思想</td><td></td><td></td><td></td><td></td></tr>
<tr><td colspan="3">7. 学生是否养成了讲卫生的良好习惯</td><td></td><td></td><td></td><td></td></tr>
<tr><td colspan="3">8. 学生是否掌握了做好寝室清洁卫生的劳动技能，劳动能力得到提高</td><td></td><td></td><td></td><td></td></tr>
<tr><td colspan="3">9. 学生吃苦耐劳，艰苦奋斗的精神是否得到培养</td><td></td><td></td><td></td><td></td></tr>
<tr><td colspan="3">10. 通过寝室卫生劳动实践使学生珍惜劳动成果，感恩意识是否得到增强</td><td></td><td></td><td></td><td></td></tr>
<tr><td colspan="3">11. 通过寝室卫生劳动实践，学生居住的寝室环境是否变得干净、清爽、整洁</td><td></td><td></td><td></td><td></td></tr>
<tr><td colspan="3">12. 学生是否能够说出从寝室卫生劳动中发现的新问题及解决的办法</td><td></td><td></td><td></td><td></td></tr>
<tr><td>考核结果</td><td>合格 □</td><td>基本合格 □</td><td colspan="4">不合格 □</td></tr>
<tr><td colspan="7">教师说明学生的表现，完成任务的能力和对劳动的理解：

鉴定教师签字：　　　　日期：</td></tr>
<tr><td colspan="7">二级学院意见：

二级学院盖章：　　　　日期：</td></tr>
</table>

（二）学生教室卫生劳动实践项目

学生教室卫生劳动实践是指学生在教室开展清扫地面、清洁黑板、清洁桌椅、维护教室环境的劳动实践。

考核指标：①学生能够熟悉教室卫生劳动实践的内容；②学生能够明确教室卫生劳动的整体流程；③学生能够了解教室卫生劳动实践中应注意的安全问题；④学生能够说出教室卫生劳动工具的具体用

途；⑤学生能够掌握教室环境卫生的劳动技能，提高劳动能力；⑥能够培养学生的劳动意识，端正学生劳动动机、劳动态度；⑦学生能够养成正确的劳动观念。（见表附录 1–4 和表附录 1–5）

表附录1–4　学生教室卫生劳动实践教育项目自评表

<table>
<tr><td colspan="6">劳动实践名称：学生教室卫生劳动</td></tr>
<tr><td>学生姓名</td><td></td><td>学生班级</td><td colspan="3"></td></tr>
<tr><td>劳动实践时间</td><td></td><td>劳动地点</td><td colspan="3"></td></tr>
<tr><td colspan="6">自评指标</td></tr>
<tr><td colspan="6">任务步骤：请认真回答以下表格问题，并在符合自身实际情况（很好、好、一般、需努力）的相应位置画√，问题的答案应符合劳动教育的要求</td></tr>
<tr><td colspan="2">正确自评回答以下问题</td><td>很好</td><td>好</td><td>一般</td><td>需努力</td></tr>
<tr><td colspan="2">1. 自己能够回答教室卫生的内容</td><td></td><td></td><td></td><td></td></tr>
<tr><td colspan="2">2. 自己能够明确教室卫生劳动的整体流程</td><td></td><td></td><td></td><td></td></tr>
<tr><td colspan="2">3. 自己能够说出教室卫生劳动中应注意的安全问题</td><td></td><td></td><td></td><td></td></tr>
<tr><td colspan="2">4. 自己能够说出掌握教室卫生劳动工具的具体用途</td><td></td><td></td><td></td><td></td></tr>
<tr><td colspan="2">5. 培养了自身的劳动意识，端正了自己的劳动动机和劳动态度</td><td></td><td></td><td></td><td></td></tr>
<tr><td colspan="2">6. 养成了自身正确的劳动观念</td><td></td><td></td><td></td><td></td></tr>
<tr><td colspan="2">7. 养成了自觉爱护公共教室环境卫生的习惯</td><td></td><td></td><td></td><td></td></tr>
<tr><td colspan="2">8. 自己掌握了做好教室清洁卫生的劳动技能，劳动能力得到提高</td><td></td><td></td><td></td><td></td></tr>
<tr><td colspan="2">9. 培养了自己吃苦耐劳，艰苦奋斗的精神</td><td></td><td></td><td></td><td></td></tr>
<tr><td colspan="2">10. 通过参与教室卫生劳动实践，懂得珍惜劳动成果</td><td></td><td></td><td></td><td></td></tr>
<tr><td>自评结果</td><td>合格 □</td><td>基本合格 □</td><td colspan="3">不合格 □</td></tr>
<tr><td colspan="6">学生自述在本次劳动中的感悟：

学生签字：　　　　日期：</td></tr>
</table>

表附录1–5　学生教室卫生劳动实践教育项目考核表

<table>
<tr><td colspan="6">劳动实践名称：学生教室卫生劳动</td></tr>
<tr><td>学生姓名</td><td></td><td>鉴定教师姓名</td><td colspan="3"></td></tr>
<tr><td>鉴定时间</td><td></td><td>鉴定地点</td><td colspan="3"></td></tr>
<tr><td colspan="6">考核指标</td></tr>
<tr><td colspan="6">任务步骤：请认真回答考核教师提出的如下问题，考核教师通过现场查看劳动实践情况和询问学生劳动实践体会后在（很好、好、一般、需努力）相应位置画√，问题的答案应符合劳动教育的要求</td></tr>
<tr><td colspan="2">正确回答以下问题</td><td>很好</td><td>好</td><td>一般</td><td>需努力</td></tr>
<tr><td colspan="2">1. 学生是否熟悉教室卫生劳动实践的内容</td><td></td><td></td><td></td><td></td></tr>
<tr><td colspan="2">2. 学生是否明确教室卫生劳动的整体流程</td><td></td><td></td><td></td><td></td></tr>
<tr><td colspan="2">3. 学生是否了解教室卫生劳动中应注意的安全问题</td><td></td><td></td><td></td><td></td></tr>
<tr><td colspan="2">4. 学生是否能够说出熟练掌握教室卫生劳动所使用工具的用途</td><td></td><td></td><td></td><td></td></tr>
<tr><td colspan="2">5. 学生是否培养了劳动意识，端正了劳动动机、劳动态度</td><td></td><td></td><td></td><td></td></tr>
<tr><td colspan="2">6. 学生是否养成了正确的劳动观念，树立了爱劳动，以劳动为荣的思想</td><td></td><td></td><td></td><td></td></tr>
<tr><td colspan="2">7. 学生是否养成了爱护公共教室环境卫生的习惯</td><td></td><td></td><td></td><td></td></tr>
<tr><td colspan="2">8. 学生是否掌握了做好教室清洁卫生的劳动技能，劳动能力得到提高</td><td></td><td></td><td></td><td></td></tr>
<tr><td colspan="2">9. 学生吃苦耐劳，艰苦奋斗的精神是否得到培养</td><td></td><td></td><td></td><td></td></tr>
<tr><td colspan="2">10. 通过教室卫生劳动实践，学生懂得了要珍惜劳动成果</td><td></td><td></td><td></td><td></td></tr>
<tr><td colspan="2">11. 通过教室卫生劳动实践，学生上课环境是否变得干净、清爽</td><td></td><td></td><td></td><td></td></tr>
<tr><td>考核结果</td><td>合格 □</td><td colspan="2">基本合格 □</td><td colspan="2">不合格 □</td></tr>
<tr><td colspan="6">教师说明学生的表现，完成任务的能力和对劳动的理解：
鉴定教师签字：　　日期：</td></tr>
<tr><td colspan="6">二级学院意见：
二级学院盖章：　　日期：</td></tr>
</table>

（三）校园公共区域环境卫生清扫劳动实践项目

校园公共区域环境卫生清扫劳动实践是指学生在学校组织下，分组按时间对校园公共区域整体环境进行集中清扫、清洁，维持校园整洁干净的劳动实践。

考核指标：①学生能够熟悉校园公共区域环境卫生清扫劳动实践的内容；②学生能够明确校园公共区域环境卫生清扫的整体流程；③学生能够了解校园公共区域环境卫生清扫中应注意的安全问题；④学生能够明确校园公共区域环境卫生清扫劳动工具的具体用途；⑤学生能够掌握校园公共区域环境卫生清扫的操作技能，能够开展劳动作业；⑥能够培养学生的劳动意识，端正学生劳动动机、劳动态度；⑦学生能够养成正确的劳动观念。（见表附录 1–6 和表附录 1–7）

表附录1–6 校园公共区域卫生清扫劳动实践教育项目自评表

<table>
<tr><td colspan="5">劳动实践名称：校园公共区域卫生清扫</td></tr>
<tr><td>学生姓名</td><td></td><td>学生班级</td><td colspan="2"></td></tr>
<tr><td>劳动实践时间</td><td></td><td>劳动地点</td><td colspan="2"></td></tr>
<tr><td colspan="5">自评指标</td></tr>
<tr><td colspan="5">任务步骤：请认真回答以下表格问题，并在符合自身实际情况（很好、好、一般、需努力）的相应位置画√，问题的答案应符合劳动教育的要求</td></tr>
<tr><td>正确自评回答以下问题</td><td>很好</td><td>好</td><td>一般</td><td>需努力</td></tr>
<tr><td>1. 自己能够回答校园公共区域卫生清扫的内容</td><td></td><td></td><td></td><td></td></tr>
<tr><td>2. 自己能够明确校园公共区域卫生清扫的整体流程</td><td></td><td></td><td></td><td></td></tr>
<tr><td>3. 自己能够说出校园公共区域卫生清扫劳动中应注意的安全问题</td><td></td><td></td><td></td><td></td></tr>
<tr><td>4. 自己能够说出掌握校园公共区域卫生清扫劳动工具的具体用途</td><td></td><td></td><td></td><td></td></tr>
<tr><td>5. 培养了自身的劳动意识，端正了自己的劳动动机和劳动态度</td><td></td><td></td><td></td><td></td></tr>
<tr><td>6. 养成了正确的劳动观念。</td><td></td><td></td><td></td><td></td></tr>
</table>

续 表

劳动实践名称：校园公共区域卫生清扫				
7. 养成了爱护校园环境的良好习惯				
8. 掌握了做好校园公共区域卫生清扫的劳动技能				
9. 培养了自己吃苦耐劳，艰苦奋斗的精神				
10. 通过参与校园公共区域卫生清扫劳动，懂得珍惜劳动成果				
自评结果	合格 □	基本合格 □	不合格 □	
学生自述在本次劳动中的感悟： 学生签字：　　　　日期：				

表附录1-7　校园公共区域卫生清扫劳动实践教育项目考核表

劳动实践名称：校园公共区域卫生清扫				
学生姓名		鉴定教师姓名		
鉴定时间		鉴定地点		
考核指标				
任务步骤：请认真回答考核教师提出的如下问题，考核教师通过现场查看劳动实践情况和询问学生劳动实践体会后在（很好、好、一般、需努力）相应位置画√，问题的答案应符合劳动教育的要求				
正确回答以下问题	很好	好	一般	需努力
1. 学生是否熟悉校园公共区域卫生清扫劳动实践的内容				
2. 学生是否明确校园公共区域卫生清扫劳动的整体流程				
3. 学生是否了解校园公共区域卫生清扫劳动中应注意的安全问题				
4. 学生是否能够说出熟练掌握校园公共区域卫生清扫劳动所使用工具的用途				

续 表

劳动实践名称：校园公共区域卫生清扫				
5. 学生是否培养了劳动意识，端正了劳动动机、劳动态度				
6. 学生是否养成了正确的劳动观念，树立了爱劳动，以劳动为荣的思想				
7. 学生是否养成了爱护校园环境的良好习惯				
8. 学生是否掌握了做好校园公共区域卫生清扫的劳动技能，劳动能力得到提高				
9. 学生吃苦耐劳，艰苦奋斗的精神是否得到培养				
10. 通过校园公共区域卫生清扫劳动实践使学生珍惜劳动成果，感恩意识得到增强				
11. 通过校园公共区域卫生清扫劳动实践，校园公区环境是否变得干净、清爽、整洁				
考核结果	合格 ☐	基本合格 ☐	不合格 ☐	
教师说明学生的表现，完成任务的能力和对劳动的理解： 鉴定教师签字：　　日期：				
二级学院意见： 二级学院盖章：　　日期：				

四、服务性劳动实践教育考核项目设计

（一）学校义务劳动实践教育

1. 公共场所志愿服务劳动实践教育项目

这是指学生在不为任何物质报酬的情况下，为学校公共场所，促进学校发展而提供的服务性劳动。考核指标：①能够认识在学校开展志愿服务劳动所使用的基本劳动工具和作业流程；②能够在学校开展相关志愿劳动作业。

2. 校园环境卫生服务劳动实践教育项目

这是指学生清洁、打扫校园卫生，维持干净、整洁的校园环境。考核指标：①能够认识校园环境卫生服务劳动所使用的基本劳动工具和作业流程；②能够掌握校园环境卫生服务劳动的操作技能，能够开展相关劳动作业；③了解校园环境卫生服务劳动工具的变迁与发展历史，了解校园环境卫生服务劳动的重要意义，了解未来校园环境卫生服务劳动的发展趋势。（见表附录 1–8 和表附录 1–9）

表附录1–8　学校义务劳动实践教育项目自评表

任务名称：公共场所志愿服务劳动 / 校园环境卫生服务劳动			
学生姓名		学生班级	
劳动时间		劳动地点	
考核指标			
任务步骤：回答所有的问题，问题的答案应符合劳动教育的要求			
正确回答以下问题	是	否	备注
1. 能够回答本次义务劳动的服务内容	□	□	
2. 能够明确现场劳动的整体流程	□	□	
3. 能够说出本次劳动中应注意的安全问题	□	□	
4. 能够说出熟练掌握本次劳动所使用的工具，清楚其用途	□	□	
5. 是否养成了良好的劳动习惯	□	□	
6. 是否养成了公共服务意识	□	□	
7. 能够说出从本次义务劳动发现的新问题及解决的办法	□	□	
考核结果自评	合格 □	不合格 □	
学生自述在本次劳动中的感悟： 学生签字： 日期：			

表附录1-9　学校义务劳动实践教育项目考核表

任务名称：公共场所志愿服务劳动 / 校园环境卫生服务劳动			
学生姓名		鉴定教师姓名	
鉴定时间		鉴定地点	
考核指标			
任务步骤：回答所有的问题，问题的答案应符合劳动教育的要求			
正确回答以下问题	是	否	备注
1. 学生熟悉本次义务劳动的服务内容	□	□	
2. 学生明确现场劳动的整体流程	□	□	
3. 学生了解劳动中的安全问题	□	□	
4. 学生能够说出熟练掌握本次劳动所使用的工具，清楚其用途	□	□	
5. 学生养成了良好的劳动习惯	□	□	
6. 学生养成了公共服务意识	□	□	
7. 学生能够说出从本次义务劳动发现的新问题及解决的办法	□	□	
考核结果	合格 □	不合格 □	
教师说明学生的表现，完成任务的能力和对本次劳动的理解： 鉴定教师签字：　　　　日期：			
二级学院意见： 二级学院盖章：　　　　日期：			

（二）社会服务劳动实践教育

1. 城乡社区志愿服务劳动实践教育项目

这是指学生在不为任何物质报酬的情况下，在城乡社区开展的，促进社会进步而提供的服务性劳动。考核指标：①能够认识在城乡社区开展志愿服务劳动所使用的基本劳动工具和作业流程；②能够掌握城乡社区志愿服务劳动的操作技能，能够开展相关服务作业；③了解改革开放以来中国志愿服务劳动发展历程，了解 2016 年以来，志愿服务劳动纳入“国家发展战略”的情况，了解未来志愿服务劳动的发展趋势。

2. 福利院志愿服务劳动实践教育项目

这是指学生用自己的时间、知识、技能、体力为福利院入住群体提供的服务性劳动。考核指标：①能够认识我国福利院的分类、服务群体的现状和个体特点；②能够认清福利院服务群体对志愿服务劳动的真实需求和服务难点，并寻找到具体的解决办法；③能了解在福利院开展志愿服务劳动的基本准备要求和服务流程；④能够掌握福利院志愿服务劳动的操作技能，并将这些技能应用到后续其他同一类型服务群体的服务过程中；⑤能够通过参加福利院志愿服务劳动，关注到社会弱势群体的需求，培养学生的社会责任意识和持续劳动的能力。

3. 室外公共场所志愿服务劳动实践教育项目

这是指学生在不为任何物质报酬的情况下，在室外公共场所开展的，为改善室外公共场所环境，促进社会进步而提供的服务性劳动。考核指标：①能够认识在室外公共场所开展志愿服务劳动所使用的基本劳动工具和作业流程；②能够掌握室外公共场所志愿服务劳动的操作技能，能够开展相关服务作业；③让学生了解志愿服务的精神及发展历程，了解室外公共场所志愿服务的注意事项、需要达到的要求及标准，更好地体会服务性劳动。

4.“青少年之家”志愿服务劳动实践教育项目

这是指学生通过志愿报名，参与高校共青团与就近城乡社区共同建立起的，面向城乡社区青少年提供志愿服务劳动的项目。考核指标：①能够熟悉“青少年之家”志愿服务劳动中所使用的基本劳动工具和作业流程；②能够掌握“青少年之家”志愿服务劳动的操作技能，开展相关服务作业；③通过开展“青少年之家”志愿服务劳动，培养志愿者“开口能说、动手能做、做后反思、关爱他人”的综合素质，践行劳动精神，培养学生服务社会、奉献社会的情怀。（见表附录 1–10 和表附录 1–11）

表附录1–10 社会服务劳动实践教育项目自评表

<table>
<tr><td colspan="6">任务名称：城乡社区志愿服务劳动 / 福利院志愿服务劳动 / 室外公共场所志愿服务劳动 / “青少年之家”志愿服务劳动</td></tr>
<tr><td>学生姓名</td><td></td><td>学生班级</td><td colspan="3"></td></tr>
<tr><td>劳动时间</td><td></td><td>劳动地点</td><td colspan="3"></td></tr>
<tr><td colspan="6">考核指标</td></tr>
<tr><td colspan="6">任务步骤：回答所有的问题，问题的答案应符合劳动教育的要求</td></tr>
<tr><td colspan="3">正确回答以下问题</td><td>是</td><td>否</td><td>备注</td></tr>
<tr><td colspan="3">1. 能够回答本次社会服务的服务内容及流程</td><td>☐</td><td>☐</td><td></td></tr>
<tr><td colspan="3">2. 能够掌握本次社会服务劳动的操作技能</td><td>☐</td><td>☐</td><td></td></tr>
<tr><td colspan="3">3. 能够说出本次社会服务中应注意的安全问题</td><td>☐</td><td>☐</td><td></td></tr>
<tr><td colspan="3">4. 在本次社会服务中培养了社会责任感和持续劳动的能力</td><td>☐</td><td>☐</td><td></td></tr>
<tr><td colspan="3">5. 社会服务累计超过 15 个小时</td><td>☐</td><td>☐</td><td></td></tr>
<tr><td colspan="3">6. 能够说出从本次社会服务发现的新问题及解决的办法</td><td>☐</td><td>☐</td><td></td></tr>
<tr><td>考核结果自评</td><td>合格 ☐</td><td colspan="4">不合格 ☐</td></tr>
<tr><td colspan="6">学生自述在本次劳动中的感悟：
学生签字：
日期：</td></tr>
</table>

表附录1-11　社会服务劳动实践教育项目考核表

<table>
<tr><td colspan="6">任务名称：城乡社区志愿服务劳动／福利院志愿服务劳动／室外公共场所志愿服务劳动／“青少年之家”志愿服务劳动</td></tr>
<tr><td>学生姓名</td><td></td><td>鉴定教师姓名</td><td colspan="3"></td></tr>
<tr><td>鉴定时间</td><td></td><td>鉴定地点</td><td colspan="3"></td></tr>
<tr><td colspan="6">考核指标</td></tr>
<tr><td colspan="6">任务步骤：回答所有的问题，问题的答案应符合劳动教育的要求</td></tr>
<tr><td colspan="3">正确回答以下问题（请选择：口头□ 书面□）</td><td>是</td><td>否</td><td>备注</td></tr>
<tr><td colspan="3">1. 学生能够回答本次社会服务的服务内容及流程</td><td>□</td><td>□</td><td></td></tr>
<tr><td colspan="3">2. 学生能够掌握本次社会服务劳动的操作技能</td><td>□</td><td>□</td><td></td></tr>
<tr><td colspan="3">3. 学生能够说出本次社会服务中应注意的安全问题</td><td>□</td><td>□</td><td></td></tr>
<tr><td colspan="3">4. 学生在本次社会服务中培养了社会责任感和持续劳动的能力</td><td>□</td><td>□</td><td></td></tr>
<tr><td colspan="3">5. 学生社会服务累计超过 15 个小时</td><td>□</td><td>□</td><td></td></tr>
<tr><td colspan="3">6. 学生是否有奉献精神和团结协作、助人为乐的优秀品质</td><td>□</td><td>□</td><td></td></tr>
<tr><td>考核结果</td><td>合格 □</td><td colspan="4">不合格 □</td></tr>
<tr><td colspan="6">教师说明学生的表现，完成任务的能力和对本次劳动的理解：

鉴定教师签字：　　　日期：</td></tr>
<tr><td colspan="6">二级学院意见：

二级学院盖章：　　　日期：</td></tr>
</table>

（三）创新创业劳动

1. 创新思维劳动实践教育项目

这是指学生发明或发现一种新方式用以处理某种事情或表达某种事物的思维过程。考核指标：①能够了解创新思维的基本工具和作业流程；②能够掌握运用思维导图工具建立思考模式，绘制思维导图，开展相关创新思维应用。（见表附录 1–12 和表附录 1–13）

表附录1–12 创新创业劳动实践教育项目自评表

任务名称：创新思维劳动 / 创业服务劳动					
学生姓名		学生班级			
劳动时间		劳动地点			
考核指标					
任务步骤：回答所有的问题，问题的答案应符合劳动教育的要求					
正确回答以下问题			是	否	备注
1. 能够回答本次创新创业劳动的服务内容			□	□	
2. 能够明确绘制思维导图的要领			□	□	
3. 能够发现创业机会的要领			□	□	
4. 能够说出设计商业模式和注册企业的要领和基本方法			□	□	
5. 培养了良好的创新意识和创造思维			□	□	
6. 学生参与创新创业实践超过 30 个小时			□	□	
考核结果自评	合格 □		不合格 □		
学生自述在本次劳动中的感悟： 学生签字： 日期：					

表附录1-13　创新创业劳动实践教育项目考核表

<table>
<tr><td colspan="6">任务名称：创新思维劳动 / 创业服务劳动</td></tr>
<tr><td>学生姓名</td><td></td><td colspan="2">鉴定教师姓名</td><td colspan="2"></td></tr>
<tr><td>鉴定时间</td><td></td><td colspan="2">鉴定地点</td><td colspan="2"></td></tr>
<tr><td colspan="6">考核指标</td></tr>
<tr><td colspan="6">任务步骤：回答所有的问题，问题的答案应符合劳动教育的要求</td></tr>
<tr><td colspan="3">正确回答以下问题</td><td>是</td><td>否</td><td>备注</td></tr>
<tr><td colspan="3">1. 学生能够回答本次创新创业劳动的服务内容</td><td>☐</td><td>☐</td><td></td></tr>
<tr><td colspan="3">2. 学生能够明确绘制思维导图的要领</td><td>☐</td><td>☐</td><td></td></tr>
<tr><td colspan="3">3. 学生能够发现创业机会的要领</td><td>☐</td><td>☐</td><td></td></tr>
<tr><td colspan="3">4. 学生能够说出设计商业模式和注册企业的要领和基本方法</td><td>☐</td><td>☐</td><td></td></tr>
<tr><td colspan="3">5. 培养了学生良好的创新意识和创造思维</td><td>☐</td><td>☐</td><td></td></tr>
<tr><td colspan="3">6. 学生参与创新创业实践超过 30 个小时</td><td>☐</td><td>☐</td><td></td></tr>
<tr><td>考核结果</td><td colspan="2">合格 ☐</td><td colspan="3">不合格 ☐</td></tr>
<tr><td colspan="6">教师说明学生的表现，完成任务的能力和对本次劳动的理解：

鉴定教师签字：　　　　日期：</td></tr>
<tr><td colspan="6">二级学院意见：

二级学院盖章：　　　　日期：</td></tr>
</table>

2. 创业服务劳动实践教育项目

组织学生利用思维导图工具将创新思维可视化，产生创意，发现创业机会，设计项目商业模式，完成公司注册。考核指标：①能够借助思维导图，发现创业机会，设计项目商业模式，注册公司，模拟创业实践；②让学生充分认识脑力劳动的重要性，培养创新创业意识，引导科学用脑，创造价值。

五、生产性劳动实践教育考核项目设计

这里所说的生产性劳动实践教育项目是指由职业学校安排或者经职业学校批准自行到企（事）业等单位（以下简称实习单位）进行专业技能培养的实践性教育教学活动，包括认识实习、跟岗实习和顶岗实习等形式。

（一）认识实习劳动实践教育项目

认识实习是指职业学校组织学生到实习单位参观、观摩和体验，形成对实习单位和相关岗位的初步认识的活动。考核指标：①了解企业概况和企业文化；②熟悉生产环境和安全事项；③认识生产工具，了解基本操作流程；④了解工作岗位设置和岗位能力需求。（见表附录 1–14 和表附录 1–15）

表附录1–14 学生认识实习劳动实践教育项目自评表

劳动实践名称：认识实习劳动实践教育项目			
学生姓名		学生班级	
劳动实践时间		劳动地点	
自评指标			
任务步骤：请认真回答以下表格问题，并在符合自身实际情况（很好、好、一般、需努力）的相应位置画√，问题的答案应符合劳动教育的要求			

续 表

劳动实践名称：认识实习劳动实践教育项目				
正确自评回答以下问题	很好	好	一般	需努力
1. 自己能够准确回答所到企业的全称和企业主要经营范围				
2. 自己能够说出企业所倡导的文化				
3. 能够说出工作中应注意的安全问题				
4. 自己能够说出企业部门有哪些				
5. 自己能够说出主要生产工具和具体用途				
6. 了解并能够说出主要生产工具的使用规程				
7. 了解并掌握企业的主要生产流程				
8. 了解企业的主要岗位设置				
9. 能够说出企业主要岗位的人才能力需求				
自评结果	合格 □	基本合格 □	不合格 □	
学生自述在本次劳动中的感悟： 学生签字：　　日期：				

表附录1-15 学生认识实习劳动实践教育项目考核表

<table>
<tr><td colspan="7">劳动实践名称：认识实习劳动实践教育项目</td></tr>
<tr><td>学生姓名</td><td></td><td>鉴定教师姓名</td><td colspan="4"></td></tr>
<tr><td>鉴定时间</td><td></td><td>鉴定地点</td><td colspan="4"></td></tr>
<tr><td colspan="7">考核指标</td></tr>
<tr><td colspan="7">任务步骤：请认真回答考核教师提出的如下问题，考核教师通过现场查看劳动实践情况和询问学生劳动实践体会后在（很好、好、一般、需努力）相应位置画√，问题的答案应符合劳动教育的要求</td></tr>
<tr><td colspan="3">正确回答以下问题</td><td>很好</td><td>好</td><td>一般</td><td>需努力</td></tr>
<tr><td colspan="3">1. 学生能够准确回答所到企业的全称和企业主要经营范围</td><td></td><td></td><td></td><td></td></tr>
<tr><td colspan="3">2. 学生能够说出企业所倡导的文化</td><td></td><td></td><td></td><td></td></tr>
<tr><td colspan="3">3. 学生能够说出工作中应注意的安全问题</td><td></td><td></td><td></td><td></td></tr>
<tr><td colspan="3">4. 学生能够熟悉企业的内部架构</td><td></td><td></td><td></td><td></td></tr>
<tr><td colspan="3">5. 学生了解企业的主要生产工具及工具的具体用途</td><td></td><td></td><td></td><td></td></tr>
<tr><td colspan="3">6. 学生熟悉主要生产工具的使用规程</td><td></td><td></td><td></td><td></td></tr>
<tr><td colspan="3">7. 学生了解并掌握企业的主要生产流程</td><td></td><td></td><td></td><td></td></tr>
<tr><td colspan="3">8. 学生了解企业的主要岗位设置</td><td></td><td></td><td></td><td></td></tr>
<tr><td colspan="3">9. 学生能够说出企业主要岗位的人才能力需求</td><td></td><td></td><td></td><td></td></tr>
<tr><td>考核结果</td><td>合格 □</td><td>基本合格 □</td><td colspan="4">不合格 □</td></tr>
<tr><td colspan="7">教师说明学生的表现，完成任务的能力和对劳动的理解：

鉴定教师签字： 日期：</td></tr>
<tr><td colspan="7">企业意见：

企业盖章： 日期：</td></tr>
</table>

（二）跟岗实习劳动实践教育项目

跟岗实习是指不具有独立操作能力、不能完全适应实习岗位要求的学生，由职业学校组织到实习单位的相应岗位，在专业人员指导下部分参与实际辅助工作的活动。考核指标：①熟悉实习单位具体岗位设置和安全要求；②具备岗位所要求的基本能力，并熟悉岗位工作流程；③熟悉生产工具性能，并熟悉操作规则；④能够在师傅带领下参与相关工作。（见表附录 1–16 和表附录 1–17）

表附录1–16　学生跟岗实习劳动实践教育项目自评表

劳动实践名称：跟岗实习劳动实践教育项目				
学生姓名		学生班级		
劳动实践时间		劳动地点		
自评指标				
任务步骤：请认真回答以下表格问题，并在符合自身实际情况（很好、好、一般、需努力）的相应位置画√，问题的答案应符合劳动教育的要求				
正确自评回答以下问题	很好	好	一般	需努力
1. 自己能够准确回答所到企业的全称和企业主要岗位设置情况				
2. 自己能够准确说出企业所倡导的文化，并理解其内在含义				
3. 能够准确说出工作中应注意的安全事项和风险点				
4. 自己能够熟练说出岗位人才需求，并具备岗位所需职业知识和能力				
5. 自己能够熟练掌握所涉及生产工具的名称和工具使用注意事项				
6. 了解并能够说出主要生产工具的使用规程和主要使用场合				
7. 了解并掌握企业的主要生产流程和跟岗岗位主要工作流程				
8. 能够和企业师傅和谐相处				
9. 能够准确表达工作任务和工作困惑				
自评结果	合格 □	基本合格 □	不合格 □	
学生自述在本次劳动中的感悟： 学生签字：　　　日期：				

表附录1-17 学生跟岗实习劳动实践教育项目考核表

<table>
<tr><td colspan="5">劳动实践名称：跟岗实习劳动实践教育项目</td></tr>
<tr><td>学生姓名</td><td></td><td>鉴定教师姓名</td><td colspan="2"></td></tr>
<tr><td>鉴定时间</td><td></td><td>鉴定地点</td><td colspan="2"></td></tr>
<tr><td colspan="5">考核指标</td></tr>
<tr><td colspan="5">任务步骤：请认真回答考核教师提出的如下问题，考核教师通过现场查看劳动实践情况和询问学生劳动实践体会后在（很好、好、一般、需努力）相应位置画√，问题的答案应符合劳动教育的要求</td></tr>
<tr><td>正确回答以下问题</td><td>很好</td><td>好</td><td>一般</td><td>需努力</td></tr>
<tr><td>1. 学生对企业的了解情况</td><td></td><td></td><td></td><td></td></tr>
<tr><td>2. 学生熟悉企业所倡导的文化，并理解内在含义</td><td></td><td></td><td></td><td></td></tr>
<tr><td>3. 学生能够掌握工作中应注意的安全事项和风险点</td><td></td><td></td><td></td><td></td></tr>
<tr><td>4. 学生掌握跟岗岗位的人才需求</td><td></td><td></td><td></td><td></td></tr>
<tr><td>5. 学生能够熟练使用生产工具</td><td></td><td></td><td></td><td></td></tr>
<tr><td>6. 学生了解主要生产工具的使用规程和性能</td><td></td><td></td><td></td><td></td></tr>
<tr><td>7. 学生掌握企业的主要生产流程和跟岗岗位主要工作流程</td><td></td><td></td><td></td><td></td></tr>
<tr><td>8. 学生能够和企业师傅和谐相处</td><td></td><td></td><td></td><td></td></tr>
<tr><td>9. 学生能够准确表达工作任务和工作困惑</td><td></td><td></td><td></td><td></td></tr>
<tr><td>考核结果</td><td>合格 □</td><td>基本合格 □</td><td colspan="2">不合格 □</td></tr>
<tr><td colspan="5">教师说明学生的表现，完成任务的能力和对劳动的理解：

鉴定教师签字：　　　　日期：</td></tr>
<tr><td colspan="5">企业意见：

企业盖章：　　　　日期：</td></tr>
</table>

（三）顶岗实习劳动实践教育项目

顶岗实习是指初步具备实践岗位独立工作能力的学生，到相应实习岗位，相对独立参与实际工作的活动。考核指标：①对企业文化及岗位具有较为清晰的认识；②熟悉工作流程和工具操作规程；③熟悉工作环境和安全生产要求；④能够独立完成工作任务，并及时对工作开展情况进行总结；⑤具备一定的处置突发应急事件的能力。（见表附录 1–18，表附录 1–19 和表附录 1–20）

表附录1–18　学生顶岗实习劳动实践教育项目自评表

<table>
<tr><td colspan="6">劳动实践名称：顶岗实习劳动实践教育项目</td></tr>
<tr><td>学生姓名</td><td></td><td>学生班级</td><td colspan="3"></td></tr>
<tr><td>劳动实践时间</td><td></td><td>劳动地点</td><td colspan="3"></td></tr>
<tr><td colspan="6">自评指标</td></tr>
<tr><td colspan="6">任务步骤：请认真回答以下表格问题，并在符合自身实际情况（很好、好、一般、需努力）的相应位置画√，问题的答案应符合劳动教育的要求</td></tr>
<tr><td colspan="2">正确自评回答以下问题</td><td>很好</td><td>好</td><td>一般</td><td>需努力</td></tr>
<tr><td colspan="2">1. 自己能够准确说出企业文化内涵，并在行动中体现</td><td></td><td></td><td></td><td></td></tr>
<tr><td colspan="2">2. 自己能够准确说出顶岗实习岗位性质、特点及所需的核心能力素质</td><td></td><td></td><td></td><td></td></tr>
<tr><td colspan="2">3. 自己能够准确说出工作中应注意的安全事项和风险点</td><td></td><td></td><td></td><td></td></tr>
<tr><td colspan="2">4. 自己能够熟练阐述所涉及生产工具的性能、使用场合和注意事项</td><td></td><td></td><td></td><td></td></tr>
<tr><td colspan="2">5. 自己能够熟练阐述企业生产流程和顶岗岗位主要工作流程</td><td></td><td></td><td></td><td></td></tr>
<tr><td colspan="2">6. 自己能够独立完成师傅交办的工作任务</td><td></td><td></td><td></td><td></td></tr>
<tr><td colspan="2">7. 自己能够及时对所开展的工作进行总结和反思</td><td></td><td></td><td></td><td></td></tr>
<tr><td colspan="2">8. 自己能够和同事和谐相处</td><td></td><td></td><td></td><td></td></tr>
<tr><td colspan="2">9. 自己具备发现问题、分析问题、处置问题的能力</td><td></td><td></td><td></td><td></td></tr>
<tr><td>自评结果</td><td>合格 □</td><td>基本合格 □</td><td colspan="3">不合格 □</td></tr>
<tr><td colspan="6">学生自述在本次劳动中的感悟：

学生签字：　　　日期：</td></tr>
</table>

表附录1-19 学生顶岗实习劳动实践教育项目考核表

<table>
<tr><td colspan="6">劳动实践名称：顶岗实习劳动实践教育项目</td></tr>
<tr><td>学生姓名</td><td></td><td>鉴定教师姓名</td><td colspan="3"></td></tr>
<tr><td>鉴定时间</td><td></td><td>鉴定地点</td><td colspan="3"></td></tr>
<tr><td colspan="6">考核指标</td></tr>
<tr><td colspan="6">任务步骤：请认真回答考核教师提出的如下问题，考核教师通过现场查看劳动实践情况和询问学生劳动实践体会后在（很好、好、一般、需努力）相应位置画√，问题的答案应符合劳动教育的要求</td></tr>
<tr><td colspan="2">正确回答以下问题</td><td>很好</td><td>好</td><td>一般</td><td>需努力</td></tr>
<tr><td colspan="2">1. 学生能够掌握企业文化，并融入企业文化</td><td></td><td></td><td></td><td></td></tr>
<tr><td colspan="2">2. 学生熟悉顶岗岗位</td><td></td><td></td><td></td><td></td></tr>
<tr><td colspan="2">3. 学生能够熟悉安全事项和风险点</td><td></td><td></td><td></td><td></td></tr>
<tr><td colspan="2">4. 学生能够熟练掌握工具性能和使用规程</td><td></td><td></td><td></td><td></td></tr>
<tr><td colspan="2">5. 学生能够熟练掌握企业生产流程和岗位主要工作流程</td><td></td><td></td><td></td><td></td></tr>
<tr><td colspan="2">6. 学生能够完成独立交办的工作任务</td><td></td><td></td><td></td><td></td></tr>
<tr><td colspan="2">7. 学生能够及时总结和改进工作</td><td></td><td></td><td></td><td></td></tr>
<tr><td colspan="2">8. 学生能够和同事和谐相处</td><td></td><td></td><td></td><td></td></tr>
<tr><td colspan="2">9. 学生具备一定的应急处置能力</td><td></td><td></td><td></td><td></td></tr>
<tr><td>考核结果</td><td>合格 □</td><td>基本合格 □</td><td colspan="3">不合格 □</td></tr>
<tr><td colspan="6">教师说明学生的表现，完成任务的能力和对劳动的理解：

鉴定教师签字：　　　　日期：</td></tr>
<tr><td colspan="6">企业意见：

企业盖章：　　　　日期：</td></tr>
</table>

表附录1-20　2021—2022年度劳动实践教育鉴定表

姓　名		性　别	
所在学院及班级		学号	
参加劳动实践教育项目数		劳动实践教育总时长	
所获荣誉			
劳动实践教育年度总结（参加劳动实践教育项目情况、所取得的劳动效果、个人的劳动实践教育感悟等）	（可附页）		
班级辅导员评语			
二级学院意见			

附录二 《高职院校大学生劳动实践教育管理办法（试行）》

高职院校
大学生劳动实践教育管理办法（试行）

为深入贯彻落实习近平总书记在全国教育大会上的重要讲话精神，帮助学生树立正确的劳动观念和养成良好劳动习惯，弘扬艰苦奋斗的精神，营造劳动最光荣、最崇高、最伟大、最美丽的氛围，培养德智体美劳全面发展的社会主义建设者和接班人。根据《中共中央国务院关于全面加强新时代大中小学劳动教育的意见》精神并结合我校实际，制定本管理办法。

一、指导思想

坚持以立德树人为根本，坚持培育和践行社会主义核心价值观，积极探索具有中国特色的劳动实践育人模式，把劳动教育纳入人才培养全过程，以课程教育为主要依托，以实践育人为基本途径，与德育、智育、体育、美育相融合，紧密结合经济社会发展变化和学生生活实际，注重教育实效，实现知行合一，促进学生形成正确的世界观、人生观、价值观，着力培养德智体美劳全面发展的社会主义建设者和接班人，不断开创新时代学校思想政治教育工作新局面。

二、总体目标

通过劳动教育，使学生能够正确认识和理解马克思主义劳动观，牢固树立劳动最光荣、劳动最崇高、劳动最伟大、劳动最美丽的观念；培养学生热爱劳动、尊重普通劳动者、珍惜劳动成果的情感；激发学生参与生活性劳动和服务性劳动的积极性，在劳动实践中养成良好的劳动习惯和勤俭、奋斗、创新、奉献的劳动精神；培养学生具备胜任专业工作的劳动实践能力、较强的创新创业能力以及在劳动实践中发现新问题和创造性解决问题的能力。

三、基本原则

育人为本原则。坚持党的领导，着眼于立德树人根本任务的落实，着力提升学生综合素质，促进学生全面发展、健康成长。把准劳动实践教育价值取向，引导学生树立正确的劳动观，崇尚劳动、尊重劳动，增强对劳动人民的感情，报效国家，奉献社会。

以生为本原则。根据学校实际，结合本地在自然、经济、文化等方面的条件，充分挖掘行业企业、地域特点、专业群优势等可利用资源，开展符合学生成长成才规律和思想政治教育规律要求的劳动教育，以学生喜闻乐见的形式，开展以体力劳动为主，注意手脑并用、安全适度的劳动实践教育。

注重实践原则。强化实践体验，让学生亲历劳动过程，提升育人实效性。深化产教融合，协同育人，适应科技发展和产业变革，在实践中创新和改进劳动实践教育方式。强化诚实合法劳动意识，培养科学精神，提高创造性劳动能力。

因地制宜原则。根据学校实际，结合本地在自然、经济、文化等方面条件，充分挖掘校企合作单位、学校实习实训场所和周边村镇社区农田等可利用资源，采取工农集合、产教融合、校企合作等多种方式开展劳动教育。

四、具体实施

（一）成立劳动实践教育研究中心

建立劳动实践教育研究中心领导小组，劳动实践教育研究中心办公室挂靠党委学工部、学生处。负责开展学生“五育”理论研究及组织实践活动，积极引导学生在劳动实践中学、做、悟，尊重劳动人民，增强同理心，提高劳动素养，养成劳动习惯，弘扬劳动精神，争做德智体美劳全面发展的社会主义建设者和接班人。（责任单位：党委学工部；配合单位：团委、各二级学院）

（二）“三域融合”，构建劳动实践育人新格局

将劳动教育与思想政治工作深度融合。将劳动实践教育深度融入思想政治工作之中，通过座谈会、主题班会、专题讲座、主题党团日活动等多种形式，结合时代主题和生动案例提升学习效果，教育学生正确理解马克思主义劳动观，弘扬艰苦奋斗精神，强化劳动最光荣的意识，形成劳育与德育、智育、体育、美育协同发展、同向同行、深度融合的良好工作局面。

将劳动教育与人才培养深度融合。明确劳动教育的政治属性、教育属性、实践属性，将劳动教育纳入学校人才培养体系中，利用专业认知教育、跟岗实习、顶岗实习、参与专业实训基地劳动等方式培养学生的敬业精神和社会责任感。

将劳动教育与全方位实践育人深度融合。充分开发、挖掘、利用校内外各类平台，通过体验式、受雇式、参与式、生存式等劳动形式，设置劳动周、劳动月、劳动教育实训实践基地等方式，引导学生形成马克思主义劳动观，系统学习掌握必要的劳动技能，激发学生劳动的内在需求和动力。（责任单位：党委学工部、教务处、团委；配合单位：各二级学院）

（三）“三阶递进”，探索分年级劳动实践育人新模式

1. 针对大一学生，主要侧重开展日常生活劳动

（1）落实“分院包片劳动制”，各二级学院单位所在片区楼道、教室、学生所在寝室及走廊的清洁卫生，每周星期五组织学生开展义务劳动。充分发动学生会组织自我管理的功能，校院两级学生会设置劳动实践教育督查部门，有效在大一学生群体中开展劳动实践督查工作，按班级开展好分院包片义务劳动，开展情况作为优秀班级评选和学生个人评优评先的重要依据。（责任单位：党委学工部、团委；配合单位：各二级学院）

（2）针对学生寝室，开展学生自我教育、自我管理、自我服务“三自”活动，安排劳动值日表，做好室内清洁卫生、物品整理摆放，开展学生卫生习惯养成教育；开展丰富多彩的劳动体验项目，使学生参与真实的劳动场景，感受劳动的辛苦，培养学生正确的劳动观和劳动态度，树立热爱劳动、尊重劳动人民的正确思想。（责任单位：党委学工部；配合单位：各二级学院）

（3）以二级学院为建设主体，结合学生实习实训基地、社会实践基地建设和创新创业实践基地建设、分院包干劳动区域，结合专业特色和学生特点，以生产性劳动和社会服务性劳动为主，按照坚持因地制宜，宜工则工、宜农则农，宜商则商，分门别类陆续建立30个左右相对稳定的劳动实践教育基地。（责任单位：教务处、党委学工部、团委；配合单位：各二级学院）

（4）健全家校沟通机制，充分发挥家庭在劳动教育中的基础作用。注重抓住衣食住行等日常生活中的劳动实践机会，鼓励学生自觉参与、自己动手，随时随地、坚持不懈地进行劳动，掌握洗衣做饭等必要的家务劳动技能。学生参加家务劳动和掌握生活技能的情况要按年度记入学生综合素质档案。（责任单位：各二级学院；配合单位：学生处）

2. 针对大二学生，主要侧重开展服务性劳动

落实“专兼并修劳动制”，定期组织学生深入社区、福利院、养

老院、老年活动中心，开展专业实践服务、“三下乡”社会实践、勤工助学、设置助理班主任岗、“市民学校”、特殊困难群体帮扶和参与各项大型志愿服务活动等服务性劳动实践教育活动，注重培育学生良好的劳动习惯和公共服务意识，使学生具有面对重大疫情、灾害等危机主动作为的奉献精神和团结协作、助人为乐的优良品质。（责任单位：团委；配合单位：各二级学院）

3. 针对大三学生，主要侧重开展生产性劳动

落实“创新生产劳动制”，组织学生参加实训实习、社会实践、创新创业实践等活动，在生产劳动中创新创业择业，在毕业设计和顶岗实习中重视新知识、新技术、新工艺、新方法的应用，养成勤俭、奋斗、创新、奉献的劳动精神，创造性地解决实际问题，使学生增强诚实劳动意识，积累职业经验，提升就业创业能力，树立正确的择业观，具有到艰苦地区和行业工作的奋斗精神。（责任单位：教务处、党委学工部、团委；配合单位：各二级学院）

（四）把握关键节点，推进劳动实践教育落地

1. 灵活设立学期劳动周

各院系结合专业能力素质要求、职业发展需求和教学计划安排，分层分类，有序组织学生在每学年的劳动周里集中开展劳动实践。各二级学院可根据实际需要编写劳动实践指导手册，明确教学目标、活动设计、工具使用、考核评价、安全保护等劳动教育要求。（责任单位：教务处；配合单位：各二级学院）

2. 设置劳动月活动

以“五一”国际劳动节主题活动、“劳动之星”评选等为抓手，将每年 5 月设置为劳动月，组织开展系列劳动技能大赛和劳动成果展示，邀请大国工匠、劳动模范开展校园活动，邀请工会、共青团等群团组织进校开展劳动教育专题讲座和特色志愿者服务活动，评选并表彰学校年度“最美劳动者”和“劳动教育先进工作者”等，教育引导

师生形成良好的劳动意识、劳动精神、劳模精神和工匠精神。（责任单位：团委、工会；配合单位：各二级学院）

3. 以重大时间节点为契机，打造富有特色的“劳动文化节”

结合植树节、学雷锋纪念日、农民丰收节、工业文化节、志愿者日等，开展丰富多彩的劳动主题教育，打造特色校园劳动文化品牌。（责任单位：团委；配合单位：各二级学院）

（五）分类指导，推进劳动实践教育做实

1. 广泛开展日常生活劳动教育

开展以“后勤服务育人”为载体的学生日常生活劳动教育，结合校园生活，组织学生开展绿化养护、校园卫生、教室清洁、实验室维护、文明寝室建设等劳动锻炼，将寝室作为开展日常生活劳动实践教育的主要阵地，培养学生掌握日常生活劳动技能，并形成良好行为习惯。（责任单位：各二级学院；配合单位：党委学工部、基建后勤处）

2. 深入开展专业生产劳动实践

围绕专业特色，积极打造“专业 + 劳动实践”“创新创业 + 劳动实践”。工科专业结合专业实习教学实际，每学年安排一定学时的生产劳动实践。以校内外专业实践教育基地为依托，组织学生到高新企业体验现代科技条件下的劳动实践新形态、新方式，安排学生参与生产实践活动，同时与“互联网 +”“创青春”等创新创业赛事深度融合，积累职业经验，提升就业创业能力。（责任单位：教务处、创新创业办；配合单位：各二级学院）

3. 有组织地开展农业生产性劳动

参与乡村振兴计划，每学年，各二级学院利用暑假或寒假三下乡，采取集体劳动为主的方式，组织学生到田间地头开展农业生产性劳动。（责任单位：团委；配合单位：各二级学院）

4. 积极开展服务性劳动实践

以校院两级团学组织为主体，开设“菜单式”志愿劳动项目，加

强学生公益性劳动意识。非工科专业结合专业实习教学实际，每学年安排一定学时的服务性劳动实践。积极搭建志愿服务平台，组织学生深入城乡社区、福利院和公共场所等参加志愿服务活动，开展公益劳动，参与社区治理；抓好“西部计划”，引导学生扎根基层建功立业，培养学生具有到艰苦地区和行业工作的奋斗精神。（责任单位：团委、教务处；配合单位：各二级学院）

（六）健全劳动素养评价体系，确保劳动实践教育见效

1. 开展劳动素养评价与学生综合素质测评融合机制

制定《大学生劳动实践教育评价办法》和评价标准，建立激励机制，根据学生不同年级、不同类别、不同层次，有针对性地开展以劳动精神、劳模精神、工匠精神专题劳动教育，要求不少于16学时，分别从劳动意识、劳动观念、劳动能力、劳动成果四个评价维度，全面客观记录课内外劳动过程和结果，加强实际劳动技能和价值体现情况的考核。

2. 建立劳动素养评价的表彰机制

通过劳动素养评价体系，形成劳动素养评价的定量或定性结果，对劳动素养优秀的学生予以表彰，对相对落后的学生进行促进，通过正面奖励和反向引导的方式，强化劳动教育的具体实施。从劳动素养评价体系的结果认定上，建立“劳育”表彰的荣誉性奖励机制，设立“劳动之星”“劳动先进班级”等奖项。同时，举办劳动技能大赛、劳动表彰大会等活动，扩大劳动教育的教育教学成果，巩固劳动教育的长期效应。

3. 建立劳动素养评价结果的长期记录机制

客观反映学生的成长过程，体现学生劳动能力、劳动态度的发展变化，这对其未来求职升学、择业就业、创新创业等方面提供了有益参考。通过平台化模式建立劳动素养评价评分卡、记录表等方式对长期记录的劳动教育成果数据进行个体化和群体化分析，综合反映学

生的基本素质，为开展就业推荐、择业指导等提供背景材料和基础信息。（责任单位：党委学工部；配合单位：教务处、团委、信息中心、各二级学院）

五、工作要求

（一）加强组织领导

建立健全由学校分管领导任组长，党委学工部、团委、二级学院党总支书记为成员的学生劳动实践教育工作领导小组，负责全校劳动实践教育体系设计、劳动实践教育组织及学分认定等工作。劳动实践教育领导小组办公室设在党委学工部，办公室主任由党委学工部部长兼任。劳动实践教育工作办公室定期召集成员单位召开研讨会，分析、商讨、解决工作中遇到的问题。

（二）重视劳动实效

劳动实践教育是学校人才培养体系建设的重要方面，各二级学院相应成立劳动教育工作小组，根据本办法制定具体措施，细化责任分工，形成工作合力，确保各项工作统一有序、扎实有效地开展。学生劳动实践教育工作领导小组办公室及时开展劳动实践教育质量监测，强化反馈和指导各院系开展劳动教育，避免劳动教育虚化、弱化、软化和形式化的问题。

（三）加强宣传引导

在开展劳动实践教育的过程中，结合时代主题和生动案例提升教育效果，注重总结教育实践活动的经验和做法，利用多种形式宣传活动中的典型经验和典型事迹，发挥榜样育人的示范引领作用，营造良好氛围，不断加强劳动实践教育长效机制建设。

参 考 文 献

[1] 中共中央马克思恩格斯列宁斯大林著作编译局 . 马克思恩格斯全集（第 25 卷下）[M]. 北京：人民出版社，1979.

[2] 中国大百科全书总编委会 . 中国大百科全书 [M]. 2 版 . 北京 : 中国大百科全书出版社，2009.

[3] 教师百科辞典编委会 . 教师百科辞典 [M]. 北京 : 社会科学文献出版社 ,1987.

[4] 中共中央马克思恩格斯列宁斯大林著作编译局 . 马克思恩格斯选集（第 1 卷）[M]. 北京 : 人民出版社，2012.

[5] 中共中央马克思恩格斯列宁斯大林著作编译局 . 马克思恩格斯全集（第 42 卷）[M]. 北京 : 人民出版社，1979.

[6] 恩格斯 . 反杜林论 [M]. 北京：人民出版社，1970.

[7] 习近平 . 在同全国劳动模范代表座谈时的讲话 [N]. 人民日报，2013-04-29（1）.

[8] 习近平 . 在全国劳动模范和先进工作者表彰大会上的讲话 [N]. 人民日报，2020-11-25（1）.

[9] 习近平 . 在庆祝“五一”国际劳动节暨表彰全国劳动模范和先进工作者大会上的讲话 [N]. 人民日报，2015-04-29（2）.

[10] 习近平 . 在全国劳动模范和先进工作者表彰大会上的讲话 [N]. 人民日报，2020-11-25（1）.

[11] 习近平 . 在全国教育大会强调：坚持中国特色社会主义教育发展道路 培养德智体美劳全面发展的社会主义建设者和接班人 [N]. 人民日报，2018-09-11（1）.